朝隈里美
ASAKUMA Satomi

ベイトソンから
芭蕉へ

変容する学習と生成する言葉

From Bateson to Basho
:Transforming learning and generated words

せせらぎ出版

はじめに

「人はこの世に生きているのか、生かされているのか」という問いを高校生に投げかけたことがあります。吉野弘の詩「I was born」[1]を扱った後の現代文の時間でした。「人はこの世界に生きているのだろうか、生かされているのだろうか、そう考える理由を教えてほしい」という問いかけに対して、自分は自分の意志で生きていることを決定しているのだから「生きている」と言う生徒がいる一方、人間は一人では生きられないのだから、周りの存在によって「生かされている」と答える生徒もいてにぎやかな授業となりました。

このような問いかけをしたのは、高校生が自己と自己を取り巻く世界との関わりをどのように捉えているのかを知りたいと思ったからです。筆者は公立高校に勤める教員として、さまざまな生活や立場、「障害」を抱えた生徒やその保護者と出会ってきました。そのような生徒一人一人にとって、彼らを取り巻く世界とは、そのほとんどが受身で引き受けるしかない「所与としての世界」でした。さまざまな条件や家庭環境、両親や経済事情といった、所与として自分に与えられた世界と否応なく向き合わざるを得ない彼・彼女らが、主体として世界を生きていくとはどういうことか。そのための「学習」とは何か。それが本稿に取り組む契機となりました。

筆者が高校に勤務し始めた三十年ほど前から、教育を巡る状況は大きく変化してきました。中でも特に複雑化したのが主体性を巡る状況です。教育学者の田中智志は、現代の社会は「機能分化」社会であって、人々はその中で急速に機能システムへの依存を深めており、個々人の「有用性」が重視されていった結果、「すべてを機能に還元し道具として利用する自律的な個人」が登場してきたと言います（田中 2002:17-26）。自己決定に基づいて、すべてを自分の意志によって操作可能と考えている「自律的個人」は、一見世界を主体として生きているように思わ

1　吉野弘（2011）「I was born」『高等学校改訂版　国語総合』第一学習社 56-58頁

れます。しかし、機能システムの中では、個人の評価・価値は機能の遂行に必要かどうかで決定されてしまうために、人々は「他者・自分が道具として機能として存在するだけではなく、存在そのものとして存在するという感覚」（田中 2002:29）を失って自己の生きている意味を探し求めた挙句、まことしやかにアイデンティティ（例えば「日本人のアイデンティティ」）を語る言説権力の餌食になってしまう。自律的個人のありようから抜け落ちているものは、たまたま授かった子を「役に立つ／立たないにかかわらず、できがいい／わるいにかかわらず」かけがえのない存在と感じる感覚であって、それは「他者も自分も、偶有的・刹那的に共存している」存在であると諒解することだと田中は言うのです（田中 2002:29）。

　また、社会学者の大澤真幸は我々が生きるこの現代社会の特徴を、人々が共通の「大きな物語」を追い求めることをやめて、それぞれが個人の趣味や嗜好といった「小さな物語」を追い求めている時代だと考えています（大澤 1996）。そこでは選択する力のあるものにとってはどのような選択も可能であるが、個々の好みに合うものを選択した結果、得られるものは趣味でないものや異質なものを排斥した非常に個人的なものとなり、人々はますます小さな趣味の世界の中に閉じこもっていきます。このような現状の中では個人の「主体」的な選択はますます排除の機能を強めていくことでしょう。しかも、そうして選択を重ねた結果としての責任は自己責任という形で個人に還元され、人々は更に孤立を深めて行きます。

　このような有用性や選択の自由がもたらす「主体」といった概念に対置するために本稿が扱おうとするのは、冒頭に述べたような、自己を取り巻く世界や人生の途上で訪れる他者との遭遇や、偶然にもたらされる出来事、すなわち所与として与えられる世界と向き合う中で成立してくる主体概念です。

　学習は一般に、「有機体が環境との交渉過程で行動や態度を変容し、それが新たな行動の型や態度決定の型になること[2]」と定義されています

　2　岩田亮一・萩原元昭・深谷昌志・元吉修二編（1995）『教育学用語辞典』第三版　学文社　25頁

はじめに

が、本研究では、有機体にとっての交渉の対象である「環境」を人間に
与えられた「所与としての世界」と捉えています。そして、この「所与
としての世界」を、自己の認識を形作り、時に自己と融合し、時に激し
く対立する「他者」という概念と重ね合わせたうえで、このような「他
者としての世界」との向き合い方、すなわち自／他関係の変容を「学
習」（この意味での学習を以降〈学習〉と記す）のプロセスとして位置付け
て考察していきたいと思います。

　否応なく受け身で与えられる「所与」には、身近な人の死、交通事
故、突然降りかかる犯罪や天災といった偶然の出来事も含まれます。ど
れほどセキュリティを強化しようと、この種の偶然性、偶有性から人は
最終的に逃れることはできません。とすれば、人間の学習は生涯にわ
たってこのような受け身として与えられる「他者としての世界」をどう
認識し、それと向き合っていくかということの中で捉えられなければな
らないでしょう。一方、人間の「他者としての世界」との関わりは、ま
さしく学習によって変容していきます。その生涯にわたる学習の変容プ
ロセスを時間や場所による学習機会の保障という意味での生涯学習の概
念を超えた次元で描き出すこと、これを本研究の第一の課題としまし
た。

　さらに、人間が「世界」を認識するための主たる道具は言葉であっ
て、それは必ず他者である人間、あるいは「他者としての世界」との関
係性の中で成立してきます。とするなら、言葉の働きは人間の他者ある
いは「他者としての世界」との関わりの中で、学習とともに変容してい
くものではないか。言葉は他者との対話への欲求を基として生まれ出る
ものですが、時には他者との関係性の中で、あるいは偶有的な出来事と
の遭遇の中で、力を失い、語るべき内容を持てなくなることがありま
す。さらに、そのような言葉を失った後の沈黙から生まれ出る言葉もあ
ります。息子の死を通して生き直す意味を問い直した柳田邦男の文章の
中に、世田谷の一家殺人事件被害者の遺族である入江さんの言葉があり
ます。

　「スーホの白い馬を、大きな木を、そして逝ってしまった妹たちを

3

思うと、身勝手に生きている自分が恥ずかしくもなります。でも私は、まだ生きている、その私には何ができるのか、問いかけています。……物分かりが良くなってはいけない、声を上げることの意義を感じています。……私たちの上に起ったことの中に普遍的な問題、社会的な意味を見つけ出せるなら、微力でも、粘り強くひとつひとつ取り組んでいけたらと思っています」（柳田 2011:157-158）

　ここでは、かけがえのない他者が突然偶有的に奪われるという事態に直面して、その死が持つ意味、そして生き残った自己の生の持つ意味を問い直しながら、それでも他者に向けて語る言葉が紡ぎ出されようとしています。本稿ではこのような偶然の出来事がもたらす世界との断絶と対峙しつつ、そこから人間が紡ぎ出す言葉に注目し、その変容を学習の変容とともに見ていきたいと思います。すなわち本稿の第二の課題は、人間の生涯にわたる学習を自／他の関係性の変容という観点から捉え直し、その中で獲得され、使用され、生れ出る言葉（以下、このような第一部で明らかにした〈学習〉との関わりで生まれてくる言葉を〈言葉〉と記す）の働きを明らかにすることです。

　そしてその二つの課題に取り組むことで、所与として与えられた世界に主体として向き合い、「他者」とともにこの世界を生きていくための〈学習〉とは何かを提示できたらと思います。

　なお、本稿は二部構成となっています。第一部の目的は先行する学習論を調査し、それらを類型的に整理して、その相互の連関を考察することです。この整理のために用いたのは、文化人類学者であるG.ベイトソン（Bateson, G. 1904-80）の「学習とコミュニケーションの階型論」（Bateson 1972=1987）です。文化人類学者であるベイトソンの学習階型論を参照枠組みとして用いたのは、「有機体」の一つとしての人間が「環境」としての世界と交渉するという原義的な意味での学習概念によって、種々の学習論を整理するためです。第一部を受けて第二部では、変容をもたらす〈学習〉が実際に一個人の生涯に生じたときのプロセスを考察し、ベイトソンのいう〈学習Ⅲ〉とはどのような学習である

のかを明らかにしています。そのとき、「世界」を認識するための言葉の働きに注目し、〈学習Ⅱ〉から〈学習Ⅲ〉へのジャンプにおいて言葉が既存の日常世界を認識するための概念の言葉であることを超え、「無分節」（井筒 1991）の〈言葉〉となっていくありさまを、「詩的言語」としての短歌及び俳諧の中に見ていきます。ここでは、〈言葉〉の働きを整理するにあたって、言語哲学者であった井筒俊彦（1914-1993）の「分節」と「無分節」の概念（井筒 1991）を枠組みとしました。井筒を用いたのは、特に「他者としての世界」との断絶や溶解の中で喪失され、そこから生まれでる〈言葉〉の特質を明らかにするためです。最後に結では、生涯にわたる学習の中で自己と他者との関係性が変容していくそのプロセスをベイトソンの学習の三階型と関連づけて捉え、その中で生まれ出る言葉の働きを整理し図示しました。

目次

はじめに ……………………………………………………… 1

第一部　変容をもたらす〈学習〉
——対話による意味の創出

第一章　ベイトソンの学習階型論と〈学習〉の「変容」……… 10

第一節　学習階型論 ……………………………………… 10
　1．〈学習Ⅰ〉——試行錯誤から学ぶ ……………………… 10
　2．〈学習Ⅱ〉——コンテクストの学習 …………………… 12
　3．〈学習Ⅲ〉——コンテクストからの解放 ……………… 14

第二節　学習階型論へのアプローチ …………………… 15
　1．発達過程における学習階型論——〈学習Ⅲ〉へのジャンプ … 15
　2．学習階型論の社会構成主義的捉え方——〈学習Ⅲ〉を導く対話 19

第二章　「変容」をもたらす四つの〈学習〉
——〈学習Ⅱ〉から〈学習Ⅲ〉へ ………………… 22

第一節　協同による学習——新しいコンテクストへの転回 ……… 22
　1．コミュニケーションに向かう言葉——学習の「共同性」 23
　2．協同による学習の中の対話 …………………………… 27

第二節　拡張による学習——システムによるコンテクストの転換 34
　1．エンゲストロームの活動理論 ………………………… 35
　2．拡張による学習の中の対話 …………………………… 40

第三節　クリティカルな学習——リテラシーによるコンテクストの意識化 42
　1．世界を読み解く手立てとしての言葉——リテラシーが導くもの 43
　2．リテラシーによる学習の中の対話 …………………… 47

第四節　ナラティヴによる学習——自己との対話によるコンテクストからの解放　55

　　1．コンテクストの外在化　56

　　2．ナラティヴによる学習の中の対話　60

第三章　〈学習Ⅲ〉へと向かう対話——創出される意味の連関　66

第一節　学習の整理と対話の連関　66

　　1．四つの学習と対話の整理　66

　　2．学習における対話が生み出す意味　68

第二節　対話における意味の創出——「新たなmeaning」と「新たなsense」　74

　　1．〈学習〉の三階型と創出される意味　74

　　2．「新たなmeaning」の獲得へ向けた対話　76

　　3．「新たなsense」の獲得へ向けた対話　78

第二部　生涯にわたる〈学習〉と〈言葉〉の諸相
——自己と「他者としての世界」との挟間で

第四章　理性の〈言葉〉—〈学習Ⅱの省察〉— 自／他の分離　88

第一節　アイデンティティの確立とメジローの自己変容学習論　89

　　1．メジローの自己変容学習論　89

　　2．エリクソンのアイデンティティ概念と自己変容学習論　93

第二節　自／他の分離・独立としての自己変容学習論　96

　　1．「アイデンティティ・ステイタス」と青年期の学習　96

　　2．青年期における「対話的理性」の持つ意義　98

　　3．自／他の分離・独立としての学習　100

第三節　〈学習Ⅱの省察〉としての理性の〈言葉〉　101

　　1．自己変容学習論とベイトソンの学習の三階型　101

　　2．アイデンティティの形成と〈学習〉　104

　　3．「対話的理性」における〈言葉〉　105

　　4．〈学習Ⅱ〉の省察をもたらす理性の〈言葉〉　108

7

第五章　模索する〈言葉〉—〈学習Ⅱの破綻〉—自/他の断絶 ……110

第一節　わかりあえない出来事としての「他者」との邂逅 ……112
1.「いのちのあらはれ」としての歌集『赤光』 ……112
2.「他なるもの」との邂逅——「狂人守」の短歌 ……114

第二節　自／他の断絶と茂吉の『赤光』 ……118
1.自／他の断絶がもたらすもの ……118
2.「にんげんの世」への戦き ……119

第三節　〈学習Ⅲ〉への契機としての言葉の喪失と模索する〈言葉〉 ……122
1.「創造的出来事」の契機としての「他なるもの」 ……122
2.「ことへの観入」と「自己の変容」 ……125

第六章　二重写しの〈言葉〉—〈学習Ⅲ〉— 自/他の往還 ……130

第一節　自／他を往き来する〈言葉〉 ……131
1.言語の分節機能 ……131
2.「無分節」の言葉 ……134

第二節　「無分節」の言葉としての芭蕉俳諧 ……137
1.芭蕉俳諧における言葉 ……137
2.芭蕉の「虚」と「実」 ……139
3.芭蕉の俳諧 ……141

第三節　自我からの離脱としての〈学習Ⅲ〉と二重写しの〈言葉〉 ……143
1.人間形成の視点から見た言葉 ……143
2.学習の三階型と言葉 ……145
3.〈学習Ⅲ〉の言葉としての芭蕉俳諧 ……147

結　変容する学習のプロセスと言葉の生成

1.自／他関係の変容と学習の三階型に対応した言葉の諸相 ……154
2.成果と残された課題 ……158

引用文献 ……161

おわりに ……168

第一部　変容をもたらす〈学習〉
──対話による意味の創出

　第一部の目的は、本稿全体のテーマである「学習の変容と言葉の生成」の関連を考察するための予備考察として、先行する諸学習論を「他者としての世界」との向き合い方という観点から捉え直し、整理することである。そのためにベイトソンの「学習とコミュニケーションの階型論」を概念枠組みとして、特に対話に注目しながら、他者との対話を通して価値や態度を変容していく諸学習論の間の連関を考察してみる。

第一部　変容をもたらす〈学習〉——対話による意味の創出

第一章　ベイトソンの学習階型論と　〈学習〉の「変容」

　まず第一部第一章では、ベイトソンの学習階型論を用いて、人間の学習が〈学習Ⅰ〉〈学習Ⅱ〉〈学習Ⅲ〉の三階型に分類されることを示す。文化人類学者であるG.ベイトソン（Bateson, G.1904-80）は人間の学習を単なる刺激に対する反応である〈ゼロ学習〉から機械的な反復学習を意味する〈学習Ⅰ〉、コンテクストの学習である〈学習Ⅱ〉、更にはコンテクストの変容を伴う〈学習Ⅲ〉の四段階に分類している（Bateson 1972=1987:399-442）。ここでベイトソンは学習を単に知識を獲得するという営みであるだけではなく、学習者を取り巻くコンテクスト、つまり学習者がおかれた社会の文脈を獲得し、理解し、転換するコミュニケーションのあり方を含み込んだ行為として捉え直している。このような立場に立てば学習とは従来考えられている領域よりも広く、価値観・世界観に関わる領域までをも含むものであるといえる。さらにこの学習概念を枠組みとして第二章以降の考察を行う際、本稿で特に留意しておきたい二点、すなわち発達過程の視点と社会構成主義に基づく視点について検討する。

第一節　学習階型論

1．〈学習Ⅰ〉——試行錯誤から学ぶ

　ベイトソンによると、「ゼロ学習」とは「反応が一つに定まっている」学習のことであり、定まったインプットとしての外界からの刺激に対し、定まったアウトプットとしての反応が一定して見られ、主体の変化をなんら引き起こさない場合の学習を指す（Bateson 1972=1987:405）。この学習において学習者は失敗から学ぶということがない。言い換えれば

第一章　ベイトソンの学習階型論と〈学習〉の「変容」

「試行錯誤」のない状態であり、「外界の出来事からのごく単純な情報受信」の段階であるということができる。これはより正確には単なる刺激に対する反応とみなされるべきであり、学習と呼ぶことのできない性格のものであるが、我々はしばしばこの種類の機械的な反射である学習もまた、学習として捉え表現することがある。

　　　「工場のサイレンから、いま正午だということを "Learn" する。」

（Bateson 1972＝1987:405）

　「ゼロ学習」への考察は、有機体の学習とは本来、試行錯誤、言い換えれば失敗の体験を伴うものであるという認識をもたらす。学習とは失敗に気づきそれを修正しようとするときに初めて生じるのだが、学習者が通常行う修正には次の二つのレベルがある。すなわち、①「選び取った選択肢集合のうちのどのメンバーを選び取るのか」（メンバーレベルの修正）、②「さまざまな選択肢集合のうち、どれを前にして選択を行うのか」（集合レベルの修正）である（Bateson 1972＝1987:408）。

　ベイトソンは、①はどの椅子、または机を選ぶのかというメンバーレベルの修正であるのに対して、②は椅子か机かという集合レベルの修正になると説明している。これをもう少し詳しく説明すれば次のようになる。例えば、ひとまとまりの文章があるとして、前半の文と後半の文をつなぐ接続詞が適切でないとする。このとき①のレベルでは、間違いを指摘された学習者は、自分が使用した『それで』という接続詞の代わりに「正解」にたどり着くまで次々と思いつく限りの接続詞を答えていき、教師が「正しい」と答えてくれるまでそれを繰り返す。つまり試行錯誤の結果として、従属の接続詞ではなく逆接の接続詞を使用するといったような「正解」にたどり着くのである。これに対し、②のレベルでは、文と文との繋がりを考慮したうえで、「それで」という従属の接続詞の代わりに逆接の接続詞の集合の中から答えを見つけ出そうとするような修正を行う。②の場合には、従属の接続詞の「集合」や逆接の接続詞の「集合」という「集合のレベル」で修正が行われるが、それを可能にしているのは、前半と後半の文章の構成（＝コンテクスト）

11

第一部　変容をもたらす〈学習〉──対話による意味の創出

に対する意識である。〈学習Ⅰ〉とはこの①のケース、つまり試行錯誤による学習であり、「反応が一つに定まる定まり方の変化、すなわち始めの反応に代わる反応が、所定の選択肢群の中から選び取られる変化」のことである（Bateson 1972=1987:418 傍点原著）。フィンランドの活動理論家であるY・エンゲストローム（Engeström, Y. 1948- ）はこの〈学習Ⅰ〉を「主体が対象に対して道具を使用する、その使用の仕方」を試行錯誤しながら「修正していくこと」であると規定している（Engeström 1987=1999:169）。このような学習の背後にあるのは、「学習の目的とは修正の結果として『正しい』やり方が獲得されることであり、そしてその『正しい』やり方は権威ある人（親、教師）が知識として持っている」という学習観であるといえる。

　ベイトソンの学習階型論が興味深いのは、人間の価値的・態度的側面をこの論の射程上で捉えようとしているところである。例えば権威あるもの（親）による「報酬」または「懲罰」を伴うコンテクストで起こる〈学習Ⅰ〉について考えてみよう。この場合は、親や教師に対する行為のうちどのレベルまでが、報酬や懲罰の対象であり、どのレベルまでがそうでないのかを、失敗や試行錯誤を通じて学習するような態度的側面での学習がなされる。例えば、平均点以上ならば褒められ、平均点以下なら叱られるといった経験が繰り返された結果として、どこまでの点数ならば親に認めてもらえるのかということを判断するときのやり方（「平均点」を基準として判断するやり方）が獲得されていくのである。

2．〈学習Ⅱ〉──コンテクストの学習

　〈学習Ⅱ〉とは〈学習Ⅰ〉の経験の積み重ねから、その背後のコンテクストを読み取り、これを使って事態に効率的に対処していく学習であり、先の言葉を借りれば「集合レベル」の選択に関する学習である。ベイトソンはこれを「選択肢群そのものが修正される変化や、経験の連続体が区切られる、その区切り方（punctuation）の変化」と規定する（Bateson 1972=1987:418）。

　この〈学習Ⅱ〉では、物事が試行錯誤的に修正されていくときの背後にあるコンテクストが読み取られていく。エンゲストロームは〈学習

第一章　ベイトソンの学習階型論と〈学習〉の「変容」

Ⅰ〉から〈学習Ⅱ〉への移行を、幼児における積み木遊びの例を示しながら、次のように説明している。

> 「子供たちは積み木のバランスが取れれば喜び、失敗すれば悲しむという態度を見せた。しかしながら、このアプローチの最中に別のアプローチが現れる。」
> 　　　　　　　　　　　　　　　　　　　　　（Engeström 1987＝1999:173）

現れたアプローチとは、子どもたちの目標が積み木のバランスを取るということから、バランスはどのようにすれば取れるかという理論を考え、それを検証または反証するという理論の抽出へと移行したことである。

> 「後者のアプローチは『理論─反応』と名づけられている。このアプローチでは、被験者は、自分の成功を直接的な結果（バランスがとれたかどうか）で測るのではなく、むしろ、自分の仮説的モデルの検証、あるいは反証で測る。仮に、主体が、ある位置では積み木のバランスが取れないであろうという仮説を立てたなら、その場合は、バランスが取れない方が嬉しいのだ。」
> 　　　　　　　　　　　　　　　　　　　　　（Engeström 1987＝1999:173）

前者の活動においては、まず積み木を積んでは壊し、壊してはまた組み立てるという試行錯誤の繰り返しを通じて、バランスの取れた状態が成立する。そして、後者においては、積み木のバランスが取れたときの背後にあるコンテクストが読み取られ、積み木はどのようにすればバランスが取れるのかという理論の獲得へと学習が転移する。〈学習Ⅱ〉は、「一見したところ、真の学習活動のように思われる」（Engeström1987＝1999:176）。それは学習の結果の一般化を表している。認知心理学的にはこの一般化は「転移可能な知識」と呼ばれる学習であり、いったん学習されると、文脈を超えて拡張され、普遍性をもった理論や法則となる。

この〈学習Ⅱ〉が態度的側面で生じると、対人関係での恒常的なパターン、つまり性格を形づくる。例えば、〈学習Ⅰ〉で平均点以上の成

13

第一部　変容をもたらす〈学習〉——対話による意味の創出

績をとることが「報酬」の対象となると学んだ学習者は、いつも平均点
以上を持ち帰ろうと努力するようになることがある。このとき平均点が
意味するコンテクスト（親の価値観）は学習者の中に取り込まれ、それ
が学習者の行動の判断基準（平均点より上か下か）になっていく。この価
値観は、親以外の対人関係においても拡張され、世界を理解し判断する
ときの価値基準となり、人生に対する態度を形成する。つまり平均より
も上か下かで自分を価値付けようとするようなことが起こりうるのであ
る。もちろんここで学習者に影響を与えるものは親や教師だけではなく
多様であり、親による平均点の強調が必ずしも同じ結果をもたらすよう
になるとは限らない。学校という場で考えると、学校文化の持つヒドゥ
ンカリキュラムがこの〈学習Ⅱ〉の価値的・態度的側面での形成に与っ
ている。ベイトソンは態度的側面での〈学習Ⅱ〉は「正しかったり誤っ
ていたりする」ものではなく、「インクのしみに各個人が見る図」のよ
うなものであり、「ただの『見方』であり、『見え方』である」としてい
る。しかし、経験を通じて学習された事象のまとめ方はその有機体に
とって一般に自己妥当性を持つために、「このレベルの学習は、一度な
されてしまうと、根本から消し去ることはほとんど不可能になる」とも
述べている（Bateson 1972=1987:428-429）。

> 「"私"とは、コンテクストのなかでの行動のしかた、また自分がその
> 中で行動するコンテクストの捉え方、形付け方の「型」である。自分
> であるところのものは、学習Ⅱの産物であり、寄せ集めである。」
>
> （Bateson 1972=1987:433）

3.〈学習Ⅲ〉——コンテクストからの解放

　とはいえ、我々はいつも〈学習Ⅱ〉の段階にとどまっているとは限ら
ない。先に〈学習Ⅰ〉を「メンバーレベル」、〈学習Ⅱ〉を「集合レベ
ル」の学習であると述べたが、その規定に従うなら〈学習Ⅲ〉とは「シ
ステムレベル」における修正である。

　〈学習Ⅲ〉は頻繁には生じない。それは学習者がそれまでに獲得した

〈学習Ⅱ〉のコンテクストが通用しなくなったとき、あるいは今までのコンテクストの中で生きることに疑問を抱き始めたときに生じる。ここでは、〈学習Ⅱ〉のレベルで体に染み付くように獲得した前提の「入れ替え」が行われる。

> 「学習Ⅲは、これら"身に染み付いた"前提を引き出して問い直し、変革を迫るものである。」　　　　　　　　　　（Bateson 1972＝1987:432）

　エンゲストロームはベイトソンの学習論を受けて、この学習を次のように説明する。〈学習Ⅰ〉は前述したように、「主体が対象に対して、道具を使用する、その使用の仕方を反復的に学習すること」である（Engeström 1987＝1999:169）。〈学習Ⅱ〉は〈学習Ⅰ〉のレベルをさらに推し進め、「当の文脈に特徴的な行動の奥に潜んでいるルールやパターンを習得すること」である（山住 2004:114）。しかしこれはまだ所与のコンテクストの獲得のレベルにとどまっている。〈学習Ⅲ〉のレベルでは、問題や課題そのものが創造される。学習者は所与のコンテクストに問いを投げかけ、所与のコンテクストのコンテクストを拡張していく。つまり「なぜ私はこの問題を解かねばならないのか」「この問題の意義と意味は何か」（Engeström 1987＝1999:178）といった問い、自己の行為がおかれている活動の大きなコンテクストを批評する問いのレベルが、〈学習Ⅲ〉で生じる問いである。そこでは〈学習Ⅱ〉の水準でこれまで習慣化し、身に染み付いていたいくつかの前提が問い直され、人格の概念的枠組み全体の変化が求められる。その意味で「撹乱から生まれる根源的で意識的な自己変革」（庄井 2005:244）となる。

第二節　学習階型論へのアプローチ

1．発達過程における学習階型論――〈学習Ⅲ〉へのジャンプ

ベイトソンが述べ、エンゲストロームも言及しているように、これら

第一部　変容をもたらす〈学習〉——対話による意味の創出

の学習の階型は、少なくとも連続する階型間（例えば〈学習Ⅰ〉→〈学習Ⅱ〉、〈学習Ⅱ〉→〈学習Ⅲ〉）においては相互作用的であり、切り離すことはできない。

　　　「学習Ⅱは、実際には、常に学習Ⅰに伴い、学習Ⅰとは分離不可能である。学習Ⅱのうち、初歩的、あるいは再生産的な形態とは、与えられた課題が学習Ⅰの中で繰り返し達成されるときに、課題を達成するやり方についての暗黙の表象やイメージが必然的に形成される、ということを意味している。」

　　　　　　　　　　　　　　　　　　　　　　（Engeström 1987=1999:170）

　また、ベイトソンはこれらの学習がゼロ学習から〈学習Ⅲ〉へという順序で起こらない可能性があることも指摘している。ただエンゲストロームも言うように、これらの学習レベルは確かにその順序間に序列はないが（「誰の認知が『より良い』とか『より進歩している』といった価値判断をすべきではない（Engeström 1987=1999:11）」）、個人の発達においてこれを見たときにはそこに「時間的、歴史的次元」が存在するように思われる。つまり、学習を個人の発達という歴史的次元に置き換えたときには〈学習Ⅱ〉を準備する〈学習Ⅰ〉の段階、〈学習Ⅲ〉を準備する〈学習Ⅱ〉の段階が想定されるのではないかということである。

　このことは学習過程そのものの進行とも、また、初等・中等教育のどの段階でどのレベルの〈学習〉が強調されなければならないかという問題とも重なっているように思われる。学習の初期の段階においては、権威あるものから「伝達」を通じて知識が教授され、個人の中に取り込まれる。態度的側面で言えば、〈学習Ⅰ〉の「正解」は「従うべき規範」として親や教師によって示されるだろう。これは学習の初期、学校に置

3　ベイトソンは「芸術」がこのヒエラルキーの外部に位置する可能性を示唆している。

4　発達を個人レベルで考えた場合、最初に表情や身振りや手振り、声のトーンといったものを通して、保育者の意志や感情が伝達され、その後にそれらの行為が言葉と結びついて理解される過程をたどるが、このことは私たちが言葉そのものよりもそれに伴う表情や声のトーンのほうを重要なメッセージとして受け取ることと関係しているように思われる。

第一章　ベイトソンの学習階型論と〈学習〉の「変容」

き換えれば、初等教育の初期から中期にかけて、必要な学習のレベルであるということができる。このようにして取り込まれた知識は、やがてその知識の背後にある概念、コンテクストのレベルに到達するように促される。この〈学習Ⅰ〉から〈学習Ⅱ〉への移行は、自然な発達段階としても起こりうるし、他者の助けを借りて促進されることもあるだろう。いずれにせよ、それは隣り合う学習階型の間を行きつ戻りつしつつも一つのつながりを持っている。

　しかし、〈学習Ⅱ〉から〈学習Ⅲ〉への移行という点に関して言えば、その両者間には断絶がある。それぞれの学習は、もちろん前段階の学習を基本的に必要としているのだが、ゼロ学習から〈学習Ⅱ〉に至るまでの間が連続性をもち、その移行の区分が不分明であるのに対し、〈学習Ⅱ〉から〈学習Ⅲ〉への移行は「ジャンプ」を伴う。〈学習Ⅲ〉において、学習者はそれまでの人生で形作られた価値観、信念の問い直しを要求される。このとき学習者は自分をとりまく現実を、それまで持っていた世界観によって解釈することができず、自分と現実の間に深い深淵を見ることになる。

　「解釈してきた世界の自明性は破れ、別様にも見られる世界を自分は

5　このような『協同による知識構築』によって重要視されている三つの点、知識の多様性、多様な対話の重要性、特殊から一般への移行を導く力は、ベライターとスカダマリアの「掲示板による協調学習 CSILE プロジェクト」でも同じく学習を通じて追求されるべき課題として考えられている（Scardamalia, M.,Bereiter, C.,& Lamon, L.1994）。CSILE の背景にある考え方は、作文の概念を従来の「自分が知っていることを書き連ねようとする」知識伝達型の作文から、「書くことによって自分の考えをはっきりさせ、さらに深めていこうとする」知識再編成型の作文へと転換することにある。そのために生徒たちは掲示板にまず自分が考えていることをノートとして書き込み、それをオープンにして互いに疑問に答えたり、コメントを付けたりする。ノートには「書き出し」が提示されていて、自分の書き込みが「私の意見」なのか、書き込んだ生徒の理論を証明する「証拠」なのか、またはより「詳しく説明」した内容なのか、「称賛」なのかなどがはっきりと区別して書けるようになっている。それによって最初に書き込んだ生徒は他の生徒の「意見」を取り入れ「証拠」を使って「詳しく説明」しながら自分の文章を完成させることができる。

第一部　変容をもたらす〈学習〉——対話による意味の創出

　　　一つの見方で解釈してきたに過ぎなかったこと、そのように解釈され
　　　秩序付けられた世界の向こう側には、何かしら、もはやそれについて
　　　語りえない『むき出しの現在』としての〈世界〉があり得る」

　　　　　　　　　　　　　　　　　　　　　　　　　　　　　（吉田 2007:56）

　このような深淵、世界の自明性が崩れ去ることによる学習者の疎外感
が、実は〈学習Ⅲ〉を導く契機となる。しかし、〈学習Ⅱ〉でも述べた
ようにいったん個人の内部に確立された物事の捉え方、事象のまとめ方
（コンテクスト）を変革することは決して容易なことではない。そのため
学習者の立つ位置は非常に不安定なものになり、さまざまな葛藤や不安
が生じる。ベイトソンはこの〈学習Ⅲ〉レベルへのジャンプを「試みる
だけで危険を伴うもの」であると述べている（Bateson 1972=1987:436）。
しかし、〈学習Ⅲ〉が創造的に展開した場合、学習者の中に大きな変化
が起こる。

　　　「学習Ⅱで得られる前提により大きな流動性—それらへの捕らわれか
　　　らの解放—が得られる」　　　　　　　　　　（Bateson 1972=1987:433）

　〈学習Ⅲ〉の創造的な展開は、「学習Ⅱの捕らわれからの解放」をもた
らす。そしてそれは「個人的アイデンティティーがすべての関係的プロ
セスの中へ溶出した世界」へとつながるような体験ともなるはずだとベ
イトソンは言うのである（Bateson 1972=1987:436）。
　〈学習Ⅲ〉へのジャンプは、学習者を他人によって与えられたコンテ
クストへの捕らわれから解放し、新しい出会いの世界へと導く。その意
味で〈学習Ⅲ〉は思春期後期から成人前期にかけて、アイデンティティ
の揺らぎを体験する時期の学習だともいうことができる。本稿を通して
考察していきたいのは、このような性格を持つ〈学習Ⅲ〉へのジャンプ
をともなう学習であり、それについては第二部で詳しく考察する。

2. 学習階型論の社会構成主義的捉え方
——〈学習Ⅲ〉を導く対話

　本稿は、ベイトソンの学習階型論を枠組みとして〈学習Ⅲ〉へのジャンプに直面した時期の学習者をどのように支援し、〈学習Ⅲ〉への移行を導くことができるかを考えていこうとするものである。しかし、その際考慮に入れておきたいことがある。それは、このような主体によるコンテクストの獲得を、個人的に生じる学習とは考えず、社会的に構成されたものと捉えるガーゲン（Gergen）らによる社会構成主義の視点である。

　ガーゲンは当初「社会的交換」や「自己」に関する実験心理学者であったが、やがて実験研究に対する批判的立場へと移行し、現在は社会構成主義の第一人者として数多くの著作を発表している。ガーゲンらの唱える社会構成主義は、「構造主義」との違いとして次のような特徴を持つ。すなわち、「構造主義」において人間はある種の情報処理機器とみなされ、「人間個人個人が意味を生成するもの」とは捉えられていない（秋山 2003:3-4）。それに対し、社会構成主義では、主体は対話を通じて現実を理解し、意味を構成し、変換すると考えられている。

> 「社会構成主義は、考えや観念や記憶が、人々の社会的交流から生まれ、言語に媒介されると考える。社会構成主義は、すべての知識は人々の間にある空間で発展し、『共通の世界』、あるいは、『共通のダンス』と呼びうる領域で発展すると考える。親しい人との会話が進行する中で、人はアイデンティティの感覚をはぐくみ、内なる声を聞くのである。」　　　　　　　　（McNamee, S., & Gergen, K. 1992 = 1997:25）

　ガーゲンは、考えや観念や記憶が言語に媒介されると考える。そして、人々のアイデンティティが他者との関係によって規定されていることを次のように記述する。

第一部　変容をもたらす〈学習〉——対話による意味の創出

> 「日々の関係の中で、私たちは何らかの行為をします。その行為の結
> 果を決めるのは、たいてい、私達の行為に対する人々の解釈です。特
> に、他者の会話—記述、説明、批判、祝福など—の中で私達がどのよ
> うに表現されているのかによって、多くのことが決まってきます。そ
> うした表現はまた、私達の社会的評価をも形成します。」
>
> 　　　　　　　　　　　　　　　　　　　　　（Gergen 1999＝2004:64）

　与えられた他者による説明や評価は、〈学習Ⅱ〉によって私たちの内
に取り込まれ、アイデンティティを形成する。この他者による評価は
しばしば当該社会の代表的、支配的な声として私たちの現実を規定す
る。ガーゲンは「女性は無力で感情的である」「アジア人は従順である」
などといった表現が、多くの人々に共有されるようになれば、それは
「当たり前の現実」として受け止められるようになると指摘する。そし
て、これらの他者によって規定された「当たり前の現実」を物事の価値
基準、判断基準として私たちはしばしば学習を通して「内化」してい
る。しかし、規定された「当たり前の現実」は、時に、異なる他者の
声が存在する可能性を排除する方向に働く。だからこそ、〈学習Ⅲ〉へ
向けた学習のステップが「社会—文化的に与えられたものの分析から
個々人が獲得し、内化したものの分析へ」と向かう必要が生じてくる
（Engestrom 1987＝1999:332）。このような立場に立つガーゲンにとってベ
イトソンの〈学習Ⅲ〉とは次のような学習である。

> 「学習レベルの区別に関するベイトソン（Bateson 1972）の言葉を借り
> れば、状況のある区切りを別の区切りに変える段階（レベル１）から
> 始まり、区切り方の新たな方式を学ぶ段階（レベル２）を経て、さら
> に『区切るという人間的行為全体の背後にある前提を変化させるこ
> と』とキーニー（Keeney 1983:151）が呼んだ段階（レベル３）へと至
> る。それは新たな意味の学習から始まり、意味の新たなカテゴリーを
> 開発し、意味それ自体の性質についての前提を変化させることへと進
> 展する。」
>
> 　　　　　　（McNamee. S., & Gergen, K. 1992＝1997:212-214）

第一章　ベイトソンの学習階型論と〈学習〉の「変容」

　この「意味それ自体の性質についての前提」を変化させる力になるもの、それが「対話」である。

> 「見えないことに気づくよう他者を援助することは、支配的信念の権威による専制から他者を解放することを意味する。さらに、世界を把握するモデルが言語で成り立っていることを考えれば、そういう解放には、次の二点が必然的に求められる。（1）意味についての新たな前提に基づく相互交渉によって変容していく対話、（2）いまだ見られぬもの、いまだ語られぬもの、『テクストの行く手に広がる意味』（Ricoeur, 1971）を待ち望む態度を喚起すること、この二点である。」
>
> （McNamee, S., & Gergen, K. 1992 = 1997:213）

　本稿では、対話によって意味を変容し、新たな意味の到来を待ち望む社会構成主義の持つ視点に立って「自分が持っている前提を疑問視し、「明らかだ」とされているものを疑い、現実を見る別の枠組みを受け入れ、さまざまな立場を考慮して物事に取り組む（Gergen 1999=2004:76）」ための学習としてベイトソンの〈学習Ⅲ〉を位置づけ、そこに至る道筋を「対話」に注目しつつ考察してみたいと思う。

21

第一部　変容をもたらす〈学習〉——対話による意味の創出

第二章　「変容」をもたらす四つの〈学習〉
——〈学習Ⅱ〉から〈学習Ⅲ〉へ

　第二章ではベイトソンのいう、社会の文脈を獲得し、理解し、転換するコミュニケーションのあり方としての〈学習〉という観点に立って、現行のさまざまな学習論を考察し、それらを「協同による学習」、「拡張による学習」、「クリティカルな学習」、「ナラティヴによる学習」の四つの学習に焦点化して分類した上で、これらの学習がどのように相互に補完し、関連しあっているかを提示する。「協同による学習」は、競争という概念の替わりに共同体の中で学びあう学習という学習概念を示し、「拡張による学習」は、共同体を越えて交わされる他者との対話という学習概念を示す。さらに、「クリティカルな学習」は、現代の社会の支配的な物語を意識化し、そこからの個人の主体性の奪回することを目指す学習を示し、「ナラティヴによる学習」は、彼・彼女の物語を書き直すことによって、過去の捕らわれから自らを解放していこうとする学習である。ここでは、それらの学習の中で交わされる対話に注目しつつ、第二部での課題となる言葉の働きについての予備的考察も行う。

第一節　協同による学習
——新しいコンテクストへの転回

　1980年代以降、従来の行動主義、認知主義を拡張するものとして、構成主義的な学習観に基づく学習実践が登場してきた。その一つに仲間とともに対話を通じて協同で知識を構築していく「協同による学習」がある。「協同による知識構築」という学習の捉え方には、従来の「個人による伝達を通じた知識獲得」としての学習からの転回がみられる。この「協同による学習」の取り組みは、学習者が日々の授業という最も多くの時間を費やす活動を通じて、「競争」から「協同」へとコンテクストを転回する上で、大きな意味を持つ取り組みであるといえる。この節で

22

は学習の中で交わされる「対話」に注目しその核となる「言葉」について考えてみたい。

1. コミュニケーションに向かう言葉——学習の「共同性」

　1980年以降に登場してきた、学習への構成主義的アプローチは、その多くをヴィゴツキー（Лев Семенович Выготский, 1896-1934）の仕事に負っている。構成主義的な考え方では、学習とは「個人が社会と相互行為をし、知識共同体の実践に参加し、より知識を持った他者のサポートを得たときに、結果として生じるもの」であると考えられる（Perry, N.E. et al., 2006:332）。このペリーらの主張は、次のようなヴィゴツキーの「発達の最近接領域」の定義に対応している。

　　　「子どもの発達の最近接領域は、子どもの現下の発達水準と可能的発
　　　達水準との間の隔たりである。つまり自力で解決する問題によって規
　　　定される前者と、おとなに指導されたり自分よりもできる仲間との共
　　　同で子どもが解く問題によって規定される後者との隔たりである。」
　　　　　　　　　　　　　　　　　　　　　（Выготский 1935＝1975:80）

　そして、「教授」は「発達の最近接領域」によって決定される一定の時期に行われるときにのみ、もっとも大きな効果をあげることができる。

　　　「教授はそれが発達の前を進むときにのみよい教授である。そのとき
　　　教授は、成熟の段階にあったり、発達の最近接領域にある一連の機能
　　　を呼び起こし、活動させる。」　　　　（Выготский 1934＝2001:304 傍点原著）

　この「教授」による発達の最近接領域にある機能の「呼び起こし」という表現は、わが国において、しばしばデューイらの「経験主義」に対抗する「教授」の主導性を強調するものとして、認識され受け入れられてきた。しかし、ヴィゴツキーのいう学習をそのような「教授」の側面においてのみ捉えることは、彼の学習論が持っていた活動としての側面を軽視してしまうことになる。ヴィゴツキーは単に所定の知識を教師が

第一部　変容をもたらす〈学習〉——対話による意味の創出

伝達することによって、学習が導かれると考えていたわけではない。むしろヴィゴツキーは、学習を、教師—生徒間、生徒—生徒間の相互関係の中で捉えようとしていた。

> 「共同の中では、子どもは自分ひとりでする作業のときよりも強力になり、有能になる。……子どもが一人でできることから共同で成しうることへの移行の可能性の大小は、子どもの発達と成績の動態を特徴付けるきわめて鋭敏な徴候である。」　　（Выготский 1934＝2001:300）

　ヴィゴツキーのいう子どもが個人で成しうることと、共同で成しうることとの間の「発達の最近接領域」という考えは次に述べる二つの理論に基づいている。そして、この二つの理論は互いに関連し合う。それらの理論とは、一つには「外言」から「内言」へという人間の精神過程に関する理論、もう一つは人間の活動における「媒介」に関する理論の二つをさす。ヴィゴツキーにとって学習の「共同性」が意味を持つ理由をこの二つの理論に即してみてみよう。

（1）ヴィゴツキーの「外言」と「内言」

　ヴィゴツキーは人間の精神機能はまず他の人々とのコミュニケーションの過程において成立し、その次に自己内関係である心理的過程へと展開すると考える。例えばそれは幼児が言葉を習得する過程と同じである。幼児の言葉は母親や身近な保護者との相互交流の中でまず習得される。やがて習得された言葉は、コミュニケーションとしての言葉（外言）からより複雑な思考を形成するための言葉（内言）として発達し、個人の思考を形づくるための道具となる。

> 「あらゆる高次精神機能は子供の発達において二回あらわれます。最初は集団的活動・社会的活動として、すなわち精神間機能として、二回目には個人的活動として、子どもの思考内部の方法として、精神内機能として。」　　（Выготский 1935＝2003:21-22）

第二章 「変容」をもたらす四つの〈学習〉 ——〈学習Ⅱ〉から〈学習Ⅲ〉へ

　このようにして形づくられた思考の言葉（内言）は、しかし再び、他者とのコミュニケーションの言葉（外言）として構成される必要がある。ただし、「内言」が他人への働きかけや他人の理解を必要としない、特殊な言葉であるのに対して、「外言」は他者が理解できるように構文性と論理性、一般性を備えた言葉である。そして、この「話し言葉」としての「外言」は、他者とのコミュニケーションの欲求にもとづいて生じる。

　　　「すべての文句、すべての会話に言語活動の動機の発生が先行する。
　　　そのために私は話すのであり、そのような情動的意欲や欲求の源泉か
　　　らこの活動は育つのである。」
　　　　　　　　　　　　　　　　　　　（Выготский 1934 = 2001:288）

　このようなわけで、「外言」は基本的に社会的言語としての性格を持つ。この「外言」の社会的言語としての性質をもっとも強く表しているのが、書き言葉である。書き言葉は、目の前に存在しない想像上の対話者に向けられた言葉である。言葉が目の前にいない他者にも理解されるためには、話し言葉をそのまま文字記号に移しただけでは充分ではない。書き言葉を習得するためには、子どもは、単語の構造を意識し、単語を音節に分解し、それを更に文字記号におきかえなければならない。だが、この複雑で抽象的操作を伴った書き言葉を習得することによってはじめて、子どもは話し言葉の中で無意識に行っていたこと、構文に即した単語の変化や相手の理解を得られるような文の構成などを意識化することができるようになるのである。このように考えると、「内言」から「外言」への発達は、主体的思考から客観的思考へ、特殊から一般への思考を獲得していく過程であることが分かる。但しこの書き言葉への欲求は、話し言葉のときほど子どもたちの中に自然に生まれてはこない。だからこそ書き言葉の習得は生活の中で自然と身につけていく話し言葉とは違い、社会的・文化的な活動の中で他者によって促される必要がある。

第一部　変容をもたらす〈学習〉——対話による意味の創出

(2)「媒介」の理論

　一方、コミュニケーションとしての言葉が子どもの中に取り込まれるとき、「内化」されるものは単に言葉そのものの意味ばかりではない。ヴィゴツキーは、それまでの行動主義心理学が人間の活動を「刺激—反応」の二元論で捉えようとしていたのに対し、その二者間に心理的な道具としてのツール（言語、計数システムなど）を媒介させた三角モデルとして活動を捉えようとした。人間はただ単に外的な刺激に対して反応するだけではなく、あらゆる活動の中で人工の媒介物を通して対象に働きかける。最もイメージしやすいのは技術的な道具であるが（棒を使って犬をたたく）、それだけではなく、心理的ツール（主に言語）を用いても我々は対象に働きかけることができる（「ミルク」という言葉で母親に意思を伝える）。　このとき、人間が使用する言語に代表される心理的ツールは、人々によって使用され、その意味が社会的文化的に構成されたものである。それゆえに、ある言葉を習得することは、その言葉の持つ意味背景やその使われ方や法則なども同時に習得することを意味する。そして、この心理的ツールの使用は使用される対象のみならず、使用する主体の側の精神と行動、概念形成にも働きかける。

　　　　「すべての高次の精神機能は、被媒介的過程であるという共通の特徴を持つ。すなわち、それらは、その行動の中に過程全体の中心的・基本的部分として精神過程の方向付けや支配の基本的手段としての記号の使用を含むものである。われわれが問題としている概念形成において、このような記号となるものは、概念形成の手段としての役割をはたし、後にはそれのシンボルとなる言葉である。」

　　　　　　　　　　　　　　　　　　（Выготский 1934=2001:87 傍点原著）

　例えば我々がある事象を「他者」という言語（概念）を用いて理解しようとしたとする。そのとき、我々の内部には「他者」という言葉が含む、さまざまな文脈が同時に取り込まれている。その意味で、媒介された活動は社会的文化的側面を帯びる。

第二章　「変容」をもたらす四つの〈学習〉　──〈学習Ⅱ〉から〈学習Ⅲ〉へ

> 「ヴィゴツキーの三角形図式は、事物や記号といった道具を利用しな
> がら、個人が環境内の対象に関わり行為することを示している。つま
> り、個人の対象に向けられた行為は、歴史的に産出された人間の道具
> や文化を手段としており、それらに媒介されたものである。」
>
> （山住　2004:73）

　人間は社会的文化的な媒介道具である言葉、または言葉と同様の働き
をする身振り、表情、態度をつかって対象である「モノ」や社会に働き
かけ、対象の意味を構成する。そのとき、言葉と結びついた論理的思考
や、道徳的判断、社会的価値観も同時に個人の中に取り込まれる。そし
てこれらが当該個人の、知識及び態度に関わる「自然発生的概念」を形
成する。しかし、書き言葉の発達が「自然発生的」な特殊性をもった
「内言」から、抽象的な「外言」への促しを必要としていたように、こ
の「自然発生的」な個人の思考・態度は、客観的な「科学的」思考・態
度へと導かれなければならない。なぜならそのことによって初めて子ど
もたちが、自らの内なる思考を他者の立場から客観視することができる
ようになるからである。そして、子どもたちの「自然発生的」言葉や思
考が、子どもたちを取り囲む社会的文化的な媒介物としての言葉によっ
て形成されるのであるとすれば、この「科学的」思考・態度への発達
も、当然社会文化的な媒介、つまり子どもたちを取り囲む環境や仲間、
教師などとの関係で捉えられなければならないということになる。この
ようにして、学習は単に個人が伝達を通じて知識を獲得していくもので
はなく、社会文化的に構成された個人の「自然発生的概念」が、他者の
「自然発生的概念」とぶつかり合いながら、一般化された抽象的な「科
学的概念」を形作っていく過程と考えられるのである。

2．協同による学習の中の対話

（1）科学的概念と自然発生的概念の間としての最近接発達領域

　ヴィゴツキーの発達の最近接領域は、佐藤学によると、言葉の「内
的な意味（meaning）」（科学的概念）と、言葉の「感覚的な意味（sense）」

第一部　変容をもたらす〈学習〉——対話による意味の創出

（自然発生的概念）[6]との間に広がる「学習の可能性を示す概念」としても捉えることができる（佐藤 1995:62）。そして、この両者は互いに関連し、往還しながら発達していくものである。

　子どもたちは具体的な事物に触れる経験から、事物や物事についての考えを形づくる。この具体的な経験が充分に積まれることによって、物事に対する抽象的思考を伴う科学的概念を受け入れる準備が子どもの中に整う。そして科学的概念によって体系化された物事に対する認識は、翻って子どもの自然発生的概念を問い直すことを可能にし、そのことによって子どもは自身の内的世界を真に理解し始めるようになる。ヴィゴツキーの理論では、自然発生的概念と科学的概念の関係は分化して捉えられるものではなく、学校教育において統一的に形成されるべきものであり、「相互に螺旋的に循環する活動として展開」（佐藤 1995:73）していくものとして考えられている。この二つの概念の間には自然発生的概念から科学的概念へという「抽象性」に向かって発達する方向性を持つ系と、科学的概念から自然発達的概念という「具体性」に向かって発達する方向性をもつ系の両方が存在する。そしてこれら二つの逆向きの系が作り出す間の領域が「発達の最近接領域」である。

　　　「科学的概念の発達は、自覚性と随意性の領域においてはじまり、その後個人的経験や具体性の領域へ、下へ向かって成長する。自然発生的概念の発達は、具体性と経験の領域においてはじまり、概念の高次の特性—自覚性と随意性—へ向かって運動する。これら二つの対立的路線の発達の間の関連こそ、疑いもなく、これらの発達の真の本性をあらわす。この関連は発達の最近接領域と発達の現下の水準との関連でもある。」

　　　　　　　　　　　　　　　　　（Выготский 1934＝2001:163 傍点原著）

　私たちが何かを学ぶとき、まず、〈学習Ⅰ〉で物事に関する知識が伝達を通じて獲得される。獲得された知識は自己の中に取り込まれて自然発生的概念を形作る。そして自己とは異なる他者との対話という協同の

　6　「自然発生的概念」は「生活的概念」と呼ばれることもあるが、ここでは「自然発生的概念」の用語に統一しておく。

28

第二章 「変容」をもたらす四つの〈学習〉 ──〈学習Ⅱ〉から〈学習Ⅲ〉へ

活動を通じて、一般化可能な科学的概念へと理論化される。それは先ほどの佐藤の言葉を借りて言えば、言葉の「感覚的な意味（sense）」（自然発生的概念）から、言葉の「内的な意味（meaning）」（科学的概念）へ向けた学習ということになる。この他者との対話という協同の活動を通じて、科学的概念を構築していく学習を見てみよう。

(2)　多様性を通じて科学的思考へと向かう対話
──「Guided Discovery」

「Guided Discovery」は学習科学の先駆者と呼ばれるアン・ブラウンとシャンピオン（Brow,A.L.,and Campione,J.C. 1994）によってカリフォルニアで実践された学習活動である。この実践で大切にされているのは、「協同による知識構築」の基盤となる、知識の多様性とその多様性を共有するための対話である。生徒たちと教師はそれぞれある物事についての知識の一部を所有し、相互教授（reciprocal teaching）法と呼ばれる方式を用いてそれぞれの知識を互いに補い教えあう。ブラウンは多様な知識にもとづく対話が真の知識を導くことについて次のように述べている。

> 「時にそれらの活動は大小のグループの中で面と向かって相互作用（interaction）し、時に印刷物や電子メールに媒介され、またある時には共同体のメンバーの心の深部にもぐりこんで、思考過程の一部になる。対話は初心者にことばをどう構成するかについての知識や、目的や価値や科学的な実践への信念を保障する。その間、学習共同体は明に暗に、共同体内で分かち合われた意味、信念、行為を基本とする共有の声と共有の知識を受け入れる。」
>
> （Brown,A.L.,and Campione,J.C. 1994:267）

　ブラウンらの実践は、教室という場を「学習者のコミュニティ」に作り変えることにその目標をおいている。「学習者のコミュニティ」のなかで生徒たちは、交わされる対話に導かれながら推測、証拠、証明といった科学的思考を身につけていく。それは生徒たちを一人では決し

29

第一部　変容をもたらす〈学習〉──対話による意味の創出

て到達できなかった発達の最近接領域へと連れ出す。学習共同体の実践
は、ヴィゴツキーのいう自然発生的概念から科学的概念への、協同によ
る発達を目的として構成されている。それゆえに、ここで交わされる
対話は、単に自己の意見の表出にとどまらず、知識構成という共同
体内で共有される「意味（meaning）」の構成に向けたそれぞれの「感覚
（sense）」のぶつかり合いとなっている。ブラウンらは仲間による議論
のもたらす長所について、次のように述べる。

> 「仲間による議論は称賛の役割を取り入れるので、共に活動すること
> は互いの力を引き出す。また、仲間による議論は聴き手とのリレー
> ションシップを作り上げる練習となり『完全でゆるぎない思考』の代
> わりに『探索的な話し合い』のための機会を与える。」
>
> (Brown, A.L.,& Campione,J.C. 1994:253)

　生徒たちは教師や仲間と交わす対話を通して、他者の思考に触れ、自
己の先行知識を問い直し、必要があれば修正し、また、思考の中身を他
者に分かるような言葉に置き換えようと努力する。このような行為を通
して、生徒たちはそれぞれ異なる道をたどって一般化可能な科学的な知
識へと到達する。もちろん、重要なのは科学的知識に到達することのみ
ではない。生徒たちがそこへ到達する道筋、その途中で身につける思考
法やスキルといったものも同様に重視されている。例えば、相互教授の
アプローチは、文章の内容を要約し、要約された内容について質問し、
理解しにくい箇所を明確化し、次に続く文章を予想するといった手続き
を使って実践される。この「予想」「質問」「要約」「明確化」という方
略は「読みの熟達者」が「読む」という行為においてしばしば用いる方
略であるが、ブラウンらの実践では、そのような熟達者の方略が可視化
され、認知方略として教室にもちこまれ、教室での対話実践を通して生
徒たちの内部に取り込まれるようにデザインされている[7]。また、その

　7　ブラウンらはこのような実践の結果、子どもたちの知識や「類推」「説明」
　　といった認知的スキルが向上していることをプレテストやポストテストの
　　結果からも統計的に示している。

第二章 「変容」をもたらす四つの〈学習〉 ——〈学習Ⅱ〉から〈学習Ⅲ〉へ

ようなスキルの習得とは別に「マラリア」と「エイズ」の感染経路をめぐっての議論の中では、「鎌形赤血球」という遺伝性疾患を持った少女によって、「マラリア」の感染と遺伝子との関連と言った新しい視点からの知識が持ち込まれ、当初予想しなかった「ヘモグロビン」に対する知識へと議論が発展していく例が挙げられている。このように「学習者のコミュニティ」においては、学習という活動に参加している生徒たちはそれぞれの知識と体験、思考を持った異なる個人として学習に参加し、科学的知識という価値を共有する共同体の中で個々の「違い」を認められつつ、発達の最近接領域を協同で形作っていくのである。

ブラウンらの「学習者のコミュニティ」の中で交わされる対話は、多様性を特徴としている。ただし、その多様性を特徴とした対話は単にさまざまな考えや意見があることを認めるといったレベルにとどまらずに、「科学的知識」の協同構築という目的を持っている。それゆえに「学習者のコミュニティ」のなかでは単なる思いつきや感覚だけの発言は級友によって厳しく批判されている。

　　「ずさんな（sloppy）思考はもっとも年少のコミュニティにおいてさえ、大目に見てはもらえないのである。」

(Brown,A.L., & Campione,J.C. 1994:262)

この"単なる意見の表出"と、"知識構築のための対話"の違いについては、高垣ら（2005）による発話の分類が参考になるように思われる。高垣らは、他者との間で交わされる発話をBerkowitz & Gibbs（1983）のカテゴリー分析を用いて、単に相手の考えを引き出したり表現したりするために用いられる「表象的トランザクション」と、互いの考えをぶつけ合ったり批判したりするために用いられる「操作的トランザクション」の二つに分類している。[8]　もし、学習コミュニティの中で

8　表象的トランザクション」には「正当化の要請」「言い換え」「併置」と言ったカテゴリーの発話が含まれ、「操作的トランザクション」には「拡張」「比較的批判」「精緻化」「統合」といったカテゴリーの発話が含まれる。

31

第一部　変容をもたらす〈学習〉——対話による意味の創出

対話が形成されていても、それが「表象的トランザクション」に終始する限り、本当の意味で対話による知識構築が行われているとはいえない。なぜならそこには、「他者」の異質さに踏み込み、互いの考えかたのわからなさを共有することでそれぞれにとっての「新しい現実」を構成しようという努力が不足しているからである。このような「表象的トランザクション」の発話ではしばしば「人それぞれ」といった相対主義に陥ることがある。しかし、ブラウンらの実践においては、個々の自然発生的概念から、科学的概念の構築へ向かう過程で異質な他者との対話を通して協同の思考へ向けた取り組みが行われていると言えるだろう。

(3) 異質さを受け入れ、人格的つながりへと向かう対話
——「学びの共同体」の実践

「協同による知識構築」のための学習は、わが国においても長く実践されてきている。ここでは、佐藤（2006）がその著書の中で取り上げている「学びの共同体」を見てみよう。佐藤の著書の中では、ブラウンらの「学習者のコミュニティ」が目指しているような「協同による知識構築」を狙いとした学習として、神奈川県の岳陽中学校での学習実践が取り上げられている。そこでは「凹型の四角形を等積変形してできる三角形は何通りあるか」という課題に協同で取り組み、一人の作図をヒントとして、他のグループが新たな対角線の存在に気づき、全員で正解に到達していく様子が報告されている。また、佐藤は神奈川県の南菅中学校における実践を紹介する。この実践ではブラウンらが目指すものとはやや質の異なる「『協同』による知識構築」の様子が取り上げられている。佐藤はこの実践の紹介の中で、緘黙の男子生徒高志が、英語の不得意な幸子と共に勉強する中で、幸子と対話を交わすことができるようになる様子を綴っている。実践の中で、幸子は高志と対話をするために、英語を積極的に学ぼうと努力する。そして高志は幸子の思いに答えるように少しずつ言葉を紡ぎだしていく。佐藤はこの実践で示されたような「学

9　1994年に出版された『ひと』258号の中では、ある小学校で、一人の三年生がおたまじゃくしの飼育を通じて抱いたひとつの疑問が学級全体の疑問に変わっていく様子が綴られている。（石谷　1994:32-38）

第二章 「変容」をもたらす四つの〈学習〉 ――〈学習Ⅱ〉から〈学習Ⅲ〉へ

びの共同体」を形作る『協同』の概念を次のような言葉で表現している。

> 「目前で進行している高志と幸子の学び合う関わりが、互いの強さ
> ではなく互いの弱さによってつながっていることに気づいて、私は
> いっそう感動の思いを深くした。協同的な学びは『互恵的な学び
> (reciprocal learning)』と呼ばれるが、まさに『互恵的な関係』とは、
> 高志と幸子の間に起こっている出来事を言うのだろう。」

（佐藤 2006:33）

　佐藤はこのような「協同」による互恵的な「学びの共同体」づくりの
ための哲学的基盤を「公共性」と「民主主義」「卓越性」の三点におい
ている。ここで佐藤が言う「公共性」とは「多様な人が学びあう公共空
間であり、すべての子どもの学びの権利を実現し民主主義社会を建設す
る公共的使命」を持つという学校の性格である。「民主主義」的な学校
とは「多様な考え方や生き方が尊重されて個性が響きあう」場であり、
「卓越性」とは「たとえどのような困難な条件にあろうとも自／他のベ
ストを尽くし最高のものを追及する」という精神を意味している（佐
藤 2006:12-13）。佐藤のいう「学びの共同体」における対話は、異質な他
者との対話を基調としているが、そこにはより人格的な支えあいの要素
が含まれているといえる。例えば、先ほどの南菅中学校の例をもう少し
詳しく見てみよう。
　英語の不得意な幸子は、緘黙の男子生徒高志に何とか話しかけよう
として、大の苦手である英語に必死で取り組む。だが、彼女には疑
問詞が何かということすら分からない。そこで彼女は友人に尋ねる。
「ねぇ、先生が今『疑問詞』って言ったけど、疑問詞って何?」「ねぇ
『what』ってどういう意味?」。佐藤はこのときの幸子の心の動きをこの
ように述べている。

> 「幸子がこれほど必死で英語に取り組んだのは、高志が緘黙で人と会
> 話ができないと言う弱さを何とか自分の力で支えようと願ったからで

第一部　変容をもたらす〈学習〉——対話による意味の創出

　ある。そして高志が幸子の問いかけにささやくような声で答えたのは
　幸子の精一杯の厚意に何とか応じようと思ったからである。」

(佐藤 2006:33)

　高志と幸子の間に交わされる「さりげない優しさ」（佐藤 2006:40）に
は、助け合いと支えあいの精神が通っている。佐藤のいう「学びの共同
体」は、個々人が対等な立場で個人のベストを尽くして学びのすり合わ
せを行う場であるが、その「学び」を下から支えているのが、高志と幸
子に生じたような「互いの弱さ」でつながりあう人格的な関係性である
といえるだろう。「学びの共同体」はこのような子どもたちの全人格的
関係性をベースに展開されるものなのである。

　ブラウンらの実践における多様性の保障は「協同による学び」におい
て不可欠の条件である。と同時に、知識が協同で構築されていくための
基礎として、南菅中学校の実践からは子どもたちの間に、向かい合う相
手の存在の異質さをそれ自身として大切する教室文化の存在が必要であ
ることが分かる。このような対話を通じた「学習共同体」による協同の
知識構築はベイトソンの言う〈学習Ⅱ〉のレベルにおいて、「競争」で
はなく「協調」のコンテクストを、子どもたちがもっとも多くの時間を
過ごす授業の場で形作っていく学習なのである。

第二節　拡張による学習
——システムによるコンテクストの転換

　本節では、共同体を越えて交わされる多様な声に基づく対話について
考えてみる。フィンランドの活動理論家であるユーリア・エンゲスト
ローム（Engeström,Y.）は、個人の抱える矛盾を「問題」として共同体
に外在化し、システムそのものを転換していく学習として「拡張による
学習」を提起している。本節ではまず、この「拡張による学習」の基礎
となるエンゲストロームの活動理論を紹介し、個人の行為は社会的シス
テムの一部として捉えなおされる必要があることを示す。その後、この
活動理論に基づいて「拡張による学習」の中で交わされる対話について

考察する。

1．エンゲストロームの活動理論

(1) 協同するシステムとしての人間の活動形態

ユーリア・エンゲストローム（Engeström, Y.）は、フィンランドを代表する発達援助学者の一人であり、文化―歴史的活動理論の現代の中心的な担い手の一人である。フィンランドとアメリカという二つの異なる社会文化に活動の足場を持ち、二つの文化間移動による領域横断的な研究活動の成果を「発達的ワークリサーチ」として提唱、現在はヘルシンキ大学教育学部の「活動理論と発達的ワークリサーチセンター」を中心として人間発達援助研究に携わっている。エンゲストロームは、人間の活動形態は動物としての活動形態から次のような経緯を経て移行していくものと考えている。

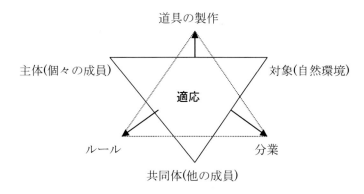

図 1　動物的形態から人間的形態への移行期の活動構造
(Engeström 1987=1999:74,76 図 2.4 図 2.5 を基に引用者が一部改変)

まず、動物の自然環境への適応として、「主体」（個々の成員）が「共同体」（他の成員）とともに「対象」（自然環境）に適応する三角形モデルが考えられる。次に類人猿によるツールの使用や、イルカの組織的活動などといった動物の進化の高次レベルとして、この三角形の各辺にそれぞれ「道具の製作」「ルールの適用」「労働の分業」が持ち込まれ、裂け目が生じる。（図1）　裂け目は個々別々に多様な進化的要因の影響下で

第一部　変容をもたらす〈学習〉——対話による意味の創出

生じるが、これが「統合された決定因」になったとき人間に固有の活動形態へと移行する（図 2 ）。図 2 として再構成された人間の活動モデルでは、動物にとって適応的活動であったものが「消費」へと変換され、それらはマルクスのいう人間活動の三つの支配的側面、「生産」・「交換」・「分配」に従属することになる（Engeström 1987=1999:77）。

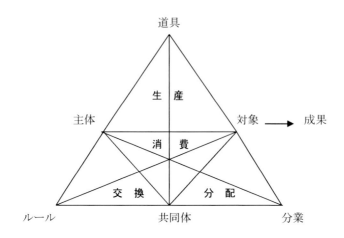

図 2　エングストロームの人間の活動の構造モデル
（Engeström 1987=1999: 79　図 2.6）

　図 2 で人間の活動の構造モデルとして提示されている大三角形は、その中に含まれるそれぞれの小三角形から構成されている。一番上の小三角形がヴィゴツキーの提示した活動のモデルであり、主体である人間が道具（言語を含む）を用いて対象に働きかけるときに生じる「生産」活動の構造が示されている。左下の小三角形は主体が共同体内で行うルールを用いた「交換」活動が、また右下の三角形では共同体が分業によって対象となっている活動を「分配」する人間の活動構造が描かれている。
　（主体—対象—共同体）で形作られている真ん中の三角形モデルは、他の三つの三角形、「生産」・「交換」・「分配」のそれぞれの活動に従属している。例えば、協働での狩猟の場において、「食物を手に入れる」とい

う対象に向けて、個人としての行為が共同体内で持つ意味を考えてみよう。「動物を追い立てる」という個人の行為はそれ自身では主体である個人にとって何の意味も持たないが、これを「狩猟」という人間の協働の活動システムにおいて考えたときは、個人の行為は共同体内で分配された「分業」となる。そして、動物を追い立てるための道具の発明は、活動の中で道具の製作という「生産」の要素を持つ。また、個人の行為は共同体の中で共有されたルールに従って行われるが、そのルールは慣習や規範として個人と共同体の間で交換（コミュニケーション）されている。このようにして人間の活動は「生産」「分配」「交換」という協働のシステムによってはじめて「食物を手に入れる」という活動の対象であった目的を達成し、消費行為をもたらすことができる。この活動システムは、更に隣接しあう他の活動システムと関わりあっている。例えば、「やり」といった道具の製作は、他の狩猟道具の製作システムをもつ共同体と関連を持ち合うことができるし、「余剰となった食物」は他の共同体とルールに従って「交換」することができる。また、より専門化した活動システムへの外注といった形で他の共同体との「分業」を推し進め、仕事を「分配」することもできる。

(2) 協働するシステムの中の「矛盾」

　このように、人間の行為は単なる個人のものではなく、協働する活動の中の行為として全体的なシステムの中におかれて初めて意味をもつものになる。このことは人間の行為を活動システムとして考える上で重要である。しかし、それは逆に言えば、共同体という全体的な活動システムにとってある個人の行為が持つ意味と、当該個人にとって自身の行為が持つ意味とが絶えず衝突する可能性があるということを示す。この全体のシステムとしての行為と個人の行為との間の衝突をエンゲストロームは、マルクスの言葉を借りて「交換価値」と「使用価値」の衝突と定義する。そして、人間の活動が複雑になるにつれて個人にとっての行為の意味と、共同体、更には社会システムの中での行為の意味の乖離はますます顕著になっていく。このことの本質的な矛盾は、「交換価値」と「使用価値」が相互に排除しあいながらも同時に依存しあっているとい

第一部　変容をもたらす〈学習〉——対話による意味の創出

うことである。

> 「資本主義社会においてどんな対象にも機能している固有の内的矛盾
> とは、抽象的であると同時に具体的であり、交換価値であると同時に
> 使用価値でもあるという商品の二重性である。このように、欲求状態
> は同一の対象の相互排除的かつ相互依存的な二つの側面に直面したと
> きの主体の困惑に根ざしている。」　　　　　（Engeström 1987＝1999:202）

　人間の活動は、それが「全体的な社会的生産」でもあり、「多くの
中のひとつの特殊な生産」でもあるという二重性を持つ。この二重性
は、二つの価値の間の衝突として不断に矛盾を生み出す。そして、生
み出された矛盾は時に個人を深刻な心理的危機に陥れることがある
（Engeström 1987＝1999:89）。だが、エンゲストロームにとって、この矛盾
は否定されるべきものではない。なぜならそれは、「質的に新しい活動
の段階と形式が、先行する段階や形式の矛盾を解決するものとして立
ち現れる」時に生じるものであるからである（Engeström 1987＝1999:87-
95）。
　エンゲストロームは、学習を学習者がこの「交換価値」と「使用価
値」との間の矛盾に気づき、それを共同体が抱える矛盾として外在化
し、協働で解決していく営みとして考える。エンゲストロームのいう学
習は生徒たちによる、学習活動そのもののレリバンス（適切性）、更に
はより広い生活活動の文脈への疑義によって生じる。例えばエンゲスト
ロームは学校教育におけるカンニングという生徒の行為を取り上げる
（Engeström 2006:18-23）。カンニングはテクストの再生、記憶を問う試験
において、明らかな「逸脱」行為である。ただし、学校というシステム
及び、テクストそのものの中にも現在の教育が抱える「交換価値」と
「使用価値」としての矛盾は存在している。

> 「テクストは良い成績を得るために—労働市場における生徒の将来の
> 価値を決定する『成功のしるし』をえるために—再生産される死んだ
> 対象である。もう一方でテクストは、学校の外の社会に対する自分自

第二章 「変容」をもたらす四つの〈学習〉 ――〈学習Ⅱ〉から〈学習Ⅲ〉へ

身のあり方を打ち立てるための生きた道具ともなる」

(Engeström 1987=1999:111)

　生徒は良い成績を得るためにはテクストを記憶し再生することを求められる。しかし、そのことは時に「テクストの記憶・再生に何の意味があるのか」、さらには「学校でよい成績をとることに何の意味があるのか」という問いを引き起こすことがある。この問いはそれ自体としては学校教育が持つ「交換価値」と「使用価値」の間の矛盾に向けられているが、「生徒たちは、バラバラな学習主体として位置づけられて」いるために、自らの問いが「交換価値」と「使用価値」との間の矛盾の上に立脚していることに気づかず、この問いの解決を「どうやって教師をだますか」「どうしたら最少の努力でよい成績を取ることができるか」という「交換価値」にもとづく技術を身につけることに求めてしまう。その結果、生徒たちの抱える「矛盾」は形としてはカンニングという「逸脱」した抵抗の行為としてしか現れることができない（山住 2004:111、Engeström 1987=1999:111）。

　エンゲストロームの言う「拡張による学習」はそのようなテクストをはじめとした「交換価値」としてのあり方と、「使用価値」としてのあり方との間で個人に生じる問題を、システムの矛盾として理解していくことを出発点としている。学習の途上で生じる問題は、一人学習者個人の逸脱行為として捉えられるものではなく、人間社会の歴史的発達というシステムとしての文脈の中で理解され、協働での解決が目指されなければならない。この視点に立つと、システムの問題として共有されたシステムの「矛盾」はより新しい活動の拡張的発展への「ブレークスルー」のための契機となる。「矛盾」は、初めはある個人のみに感じられる「個人的な例外」という形をとって現れるが、それは協働的な活動のなかでシステムのもつ矛盾として認識され、やがて協働で解決すべき「対象」となって新しい活動のシステムを形作る。このような認識に基づいて、エンゲストロームはヴィゴツキーの最近接発達領域を学習活動のもつ社会的側面において捉え直す。すなわちそれは、発達途上の個人にとって到達可能な地点までの距離をいうのではなく、社会システムが

第一部　変容をもたらす〈学習〉——対話による意味の創出

到達可能な地点までの距離として捉えなおされるのである。

> 「最近接発達領域とは、個人の日常的行為と、社会的活動の歴史的に新しい形態— それは日常的行為の中に潜在的に埋め込まれているダブルバインドの解決として集団的に生成されうる— とのあいだの距離である。」
>
> 　　　　　　　　　　　　（Engeström 1987=1999:211　傍点原著）

2．拡張による学習の中の対話

　エンゲストロームの活動理論は、矛盾を抱えた個人を孤立から解き放つ。市場主義社会の中で社会の支配的価値となっている「交換価値」に対して、個人が「使用価値」の側から感じた矛盾は、しばしば「自己責任」という名の下に個人の問題へと返される傾向にある。しかし、エンゲストロームの活動理論において、個々の抱える問題は、全体のシステムに生じる矛盾として個人からシステムへと外在化される。そして意識化された矛盾は学習者を含む共同体を新たな活動システムに導くための積極的な動因となる。

> 「ダブルバインドは、いまや、バラバラな個人だけでは解決されえない、社会的な、社会にとって本質的な（social, societally essential）ジレンマとして再定式化されるだろう。そのジレンマの中でこそ、共同の協働行為は新しい活動の形態を出現させることができる」
>
> 　　　　　　　　　　　　（Engeström 1987=1999:198 傍点原著）

　エンゲストロームはその実践の中で、「ケア・アグリーメント」と呼ばれる新しい医療システムを作りだしている[10]。この実践は複数の異なる医療機関を同時に利用する患者をどのようにすればトータルに捉えてケアしていけるのかという医療従事者の学習として捉えられている。「ケア・アグリーメント」の場合、患者は複数の医療機関で受けるケア

10　エンゲストロームの具体的な活動については（山住 2004、Engeström 2005）などを参照。

第二章 「変容」をもたらす四つの〈学習〉 ──〈学習Ⅱ〉から〈学習Ⅲ〉へ

の間のギャップに不満を持っており、医療従事者は患者数の激増に悩んでおり、保健センターは公的医療コストの増大に不満を抱いている。それらは医療の専門性の分化や費用対効果という「交換価値」とより良いケアという「使用価値」との間に生じている矛盾が生み出す問題であるが、関係する諸機関や個人はそれらの「矛盾」の中でそれぞれが孤立し、互いに不満を抱えあっていた。エンゲストロームの活動システムは当該患者や、医療従事者の声の中に現れた問題を、システムの中に「外在化」し、「システムの矛盾」と捉え直して、関係者による対話を通じてその解決を模索する。

　　「関係する実践者たち、すなわち異なる医療機関の医師や看護師、支援スタッフ、管理職らの拡張的学び合いの場をつくりだし、実践者自らの相互的で越境的な拡張的学習を促している。そのような学びあいの場をとおして実践者たちから生みだされてきたアイディアが『ケア・アグリーメント』（診療協定）である。」　　　　　　　（山住 2004:126）

　この「ケア・アグリーメント」の活動システムにおいて、個人の問題は共同体間の中に外在化され、個人の上に生じた問いは「なぜ私たちはBではなく、Aにいるのか」「なぜ私たちはAではなくBを望むのか」（山住 2004:126）という「私たち」を主語にした疑問へと変容している。「拡張による学習」における対話は、このように「私」の問題を「私たち」の問題として捉えるための重要な役割を果たす。そして、この「私」の問いを「私たち」への問いへと変容させる対話を導くものが、異質な文化、異質なシステムに属する他者の多様な声の存在である。

　　「活動システムとは、それを定義づけるならば、多声的な形成体（multi-voiced formation）である。拡張的サイクルは、そうした複数の声、すなわちさまざまな参加者たちの異なった観点やアプローチを再－交響化（re-orchestration）することである。」　　（Engeström 1987=1999:8）

　エンゲストロームは、人間の活動の「発達」を次の三つの概念から再

第一部　変容をもたらす〈学習〉——対話による意味の創出

定義している。

> 「①発達は習得の達成にとどまるのではなく、古いものを部分的に破壊していく拒絶とみなされるべきである。②発達は、個人的な転換にとどまるのではなく、集団的な転換とみなされるべきである。③発達は、レベルを垂直的に越えていくことにとどまるのではなく、境界を水平的に横切っていくことでもあると見なされるべきである。」

(Engeström 1987＝1999:6-7)

　人間の活動システムを発達に導くために必要な「水平的」横断、それが、異質な文化やシステム、異質な他者の間に取り交わされる声を活動の中に響かせるということである。エンゲストロームの実践において、異質な文化、異質なシステム、異質な他者の間に取り交わされる対話は、我々の所属する共同体のシステムに生じている問題を浮き彫りにする。それは「私」の問題を「私たち」の間の矛盾として捉え直す対話のために、必要不可欠な他者の「声」なのである。[11]

第三節　クリティカルな学習
——リテラシーによるコンテクストの意識化

　この節では、学習者が取り込んだ支配的コンテクストを、意識化するように導く学習について考察する。
　そのために、ブラジルの識字活動家であったフレイレの実践と、わが

11　ここでいうエンゲストロームの異質なシステム、異質な他者は、人間にとっての「自然」のシステムにまで拡張して考えることもできるかもしれない。内山は人間にとっての自然が、ものの生産や、効用を生み出す「交換価値」の対象として捉えられた時から、人間と自然との関係が変容してしまったと考えている（内山 1988）。それは、ものは生み出さないが使用価値は生み出すといった「しごと」としての自然との交流の形（木に絡まった蔓をはずす）や、火を絶やさぬように囲炉裏を見守るといった時間の価値を人間が失ってしまったということである。私たちが再び、使用価値としての「しごと」を見出すためには、人間にとって基本的に異質なシステムである自然との対話が要求されているように思われる。

第二章 「変容」をもたらす四つの〈学習〉 ——〈学習Ⅱ〉から〈学習Ⅲ〉へ

国の教育活動の中から生活綴り方教育の実践を取り上げ、両者に共通するクリティカルな視点の獲得に向けた学習について考察する。そのあと、クリティカルな視点や態度を育成するために行われるリテラシーの中の対話、殊に書くことにおける対話について考えてみたい。

1．世界を読み解く手立てとしての言葉——リテラシーが導くもの

リテラシー（読み書き能力）は、すべての学習の基礎となる能力として、学校教育においてもっとも重要視されてきた。それは一義的には、書かれた記号としての文字を意味のある言葉に変換して読む能力、及び言葉を文字としての記号に変換して書く能力を意味するが、もちろんリテラシー教育が目指す能力はそれだけではない。2003年度のPISA調査において日本のリテラシーは、大きく低下したといわれ社会問題ともなったが、この調査におけるリテラシーをPISAの実施母体であるOECDは次のように規定している。

> 「自らの目標を達成し、自らの知識と可能性を発達させ、効果的に社会に参加するために、書かれたテキストを理解し、利用し、熟考する能力」「OECD/ PISA 新ミレニアムにおける知識と技能の測定」
>
> （文科省 2006:1）

つまり、リテラシーは、単に生徒が情報を位置づけ解釈できるかどうかというだけではなく、自分たちが読んだものについて深く考え、現実と関連させつつ活用していく能力であると規定されているのである。

(1) リテラシー教育の潮流

黒谷はリテラシーを「人間が自ら所属する文化へと参加していくための能力であるとともに、既存の文化的諸価値を読み解き、新たな文化を書き綴っていくための重要な能力」であると規定し、近年の三つのリテラシーに関する研究潮流の存在を指摘している（黒谷 2007:237）。

黒谷の言う、リテラシー教育の新たな研究潮流の一つ目は、「ヴィゴツキー理論に基づくリテラシー」であり、「言語の獲得は社会的な生活

43

第一部　変容をもたらす〈学習〉——対話による意味の創出

における言語の機能や使用の文脈と関連していることや、人間の活動の
理解を社会文化的な文脈において捉えることといった理論的前提をふま
えたリテラシー教育の構想」である（黒谷 2007:238）。このリテラシー教
育の構想は、ヴィゴツキーの「外言—内言」及び言語による「媒介」の
理論を基にしているが、第一章でも紹介したようなブラウンらの実践も
またこの研究潮流のなかに位置づけることができる。ブラウンらの実践
においては、「協同による学習」の中で交わされた科学的な思考や言語
そのものが、対話を通して学習者の中に内化されるように、学習がデザ
インされていた。また、学習を人間の活動として位置づけ、さらにそれ
を社会的文脈の中で捉えていこうとするという意味では、第二節で述べ
たエンゲストロームの活動理論とも深く関わりを持っている。

　これに対し、潮流の二つ目は、庄井（2002）の言う「読み書く行為
において子ども自身が意味の制作者となることで、子どもの著者性
（authorship）を回復していくリテラシー論」である（黒谷 2007:238）。そ
れは、「子どもの素直な語りとそれを聴きとりあう教室の関係性」の中
で実現する[12]（黒谷 2007:238）。庄井は、このような意味制作者としての
主体という観点から、エンゲストロームの活動理論を問い直している。

> 「共同活動のシステムやその歴史的文化的発達への援助という枠組み
> はよくわかるが、一人の人間発達にとってそのことが持つ意味や、そ
> の人間の意味システムのナラティヴな再構造化の問題をどう捉えるの
> か」
>
> （庄井 2005:246）

12　このような子どもの「著者性」を大切にした学習は、エンゲストロームの
　　友人でもあり、共同研究者の一人でもあるオウル大学のハッカライネン
　　（Pentti Hakkarainen）によって実践されている。ハッカライネンは、「お
　　はなし語り」や劇といった活動を通して、「子どもの主体的な情動的体験
　　を呼び起こしながら、学習という活動の自分にとっての物語の生成を促す
　　糸口」を模索している（庄井 2005 :56）。遊びの中や劇、絵画の中では、
　　子どもの経験や人生の物語が浮き彫りになることが多い。ハッカライネン
　　の実践の中では、そのようにして表出された子どもの一人一人の自己物語
　　が、周りにいる大人や援助者によって穏やかに感受され聴き取られる。そ
　　して、子どもが遊びや劇と言った活動を通して、どのように自己の物語と
　　他者の物語を結び合わせ、活動に参加するための主体的な動機を生成して
　　いくのかが研究されている。。

第二章 「変容」をもたらす四つの〈学習〉 ——〈学習Ⅱ〉から〈学習Ⅲ〉へ

このような、庄井が考える一人の人間としての「意味システムのナラティヴな再構造化」の問題は、次節の「ナラティヴによる学習」で考察することにしたい。

研究潮流の三つ目は、フレイレ（Paulo Freire）の流れを汲む「批判的リテラシー」であり、これは「生活現実や教育談話の中に潜在する物語のポリティクスを解読し、社会的関係それ自体の変革をねらいとする」（黒谷 2007:238）ものである。この能力は同時に「学習者によって自明視されてきた『言語を用い、考え、感じ、信じ、評価し、行動する仕方』を生きるひと、もの、こととの出会い直しの中で、応答し合う言語を獲得することを求めていく）」（黒谷 2007:238）ことでもある。

(2)「世界」を書き直す言葉としてのリテラシー

黒谷は、これら新しいリテラシーを目指す学習活動として、ニューロンドングループ（NLG）に注目している。NLGは「読み書きすることを社会的、文化的、政治的な実践の文脈において捉える」社会文化的アプローチを志向している。黒谷に従えば、NLGの考えるリテラシーとは、学習者が共同体へと参入する過程としての学習活動であるとともにそこでの経験を対象化する契機を作り出す学習活動である。この視点から見ればリテラシーは次の四つの視点を持つ。[13]

①状況づけられた実践…学習者が参加する共同体の中で意味ある実践へと先進して参入していく。専門家による学習者のデザインや支援を足場に学習が行われる。

②明示的な教授…学習者の足場を支える教師や専門家による積極的な介入。すでに学んだことを体系的、分析的、意識的に理解する。

③批判的な構成…コンテクストや意図を問い直す。生活世界の特定の

---

13 この視点に基づくリテラシー教育の一例として、黒谷はkalantzisらの音楽教育の実践例を挙げている。それはまず「曲のスタイルや歌詞の特徴などについて好きなCDを調査し」（状況づけられた実践）、つぎにそれらのCDの「歌詞が持つ多様な文法を分析するよう焦点化し」（明示的な教授）、「それぞれのスタイルにはどのようなメッセージがあるのかを検討させ」（批判的な構成）、「自分達で曲をつくり音楽批評を書き、音楽雑誌を作る」（変革された実践）といった一つの環を持つ実践である。

45

状況の中で与えられている意味をより深い視点から捉え直す。学んでいることをその社会的、文化的、政治的なコンテクストとの関係で批判的に捉える。

④変革された実践…反省的な方法で自分たち自身の目的や価値に埋め込まれた新しい実践をデザインする。獲得された知識や経験を馴染みのない異なる文化的コンテクストと結び付け、新しい視点や知識をもって自らの生活世界の実践を展開していく。

先ほどのリテラシーの潮流をこの視点に当てはめるならば、①の状況づけられた実践と②の明示的な教授は「ヴィゴツキー理論に基づく新しいリテラシー」の構想であり、③の批判的な構成と④の変革された実践は「批判的リテラシー」の学習にあたるといえるだろう。ブラウンらの実践は、前述したように「読みの熟達者」の認知方略が、相互教授という方法を通して学習者のコミュニティの中に持ち込まれるようにデザインされていた。子ども達は「状況づけられた実践」として、家庭や親密な他者からなる共同体の中で言語を獲得していく。しかし、そのような共同体の実践に参加するためのリテラシーの能力は、それだけでは「価値作用にもとづいてあるシステムを批評したり、他のシステムとの関係を批評する能力」（黒谷 2007:240）をもたらさない。学習者のコミュニティ、そしてより広くは人間の共同体への参入していくための手段としてのリテラシーの獲得は大切な能力ではあるが、同時にその能力は、獲得した「言葉」が特定の誰かの関心や利害に沿って歪められていないか、またはその「言葉」がより広い文脈におかれたとき、どのような力を持つのかを問う能力を身につけるためのリテラシーの教育が不可欠である。そのことを通じて子どもたちは学んでいることをその社会的、文化的、政治的なコンテクストとの関係で批判的に捉える力を身につけ、新しい視点に立って自らの生活世界を書き直していくことができるようになるのである。

NLGの活動はあらゆる学習や知識が具体的経験に基礎付けられる必要を説きつつ、学習者が「生活世界の経験から旅立ち、文化的な地平を拡張していく過程」をたどる契機を探ろうとする（黒谷 2007:240）。本節では、この「自らの生活世界を書き直す」ことを目指した学習として二

第二章　「変容」をもたらす四つの〈学習〉　——〈学習Ⅱ〉から〈学習Ⅲ〉へ

つの実践を取り上げ、その中で交わされている対話について考察していきたい。

２．リテラシーによる学習の中の対話

(1) コンテクストの意識化を目指した実践
①フレイレの識字教育

　パウロ・フレイレは1921年、ブラジルに生まれた。彼は貧しい農村の農民たちに自分たちの境遇を見つめ、暮らしと生活を変えていく手段として言葉の読み書きを教えるという成人識字教育の実践者であった。その活動の中で彼は、個人の生活に存在する支配的価値観と向き合うこの学習の目的を「意識化」という言葉で表している。

　当時（1950-1960年代）のブラジルは、成人の識字率が人口の半数に過ぎず、農民を含むプロレタリアートと彼らを支配しようとする富裕層とのあいだに、文化の差とも呼べるような格差が存在していた。民衆は「支配—被支配の世界構造のなかで、自らの固有の文化や言語を奪われ、歴史と現実世界に埋没させられている「沈黙の文化」（黒谷 2001）を生きていた。

> 「沈黙とは応答が存在しないということではない。批判性を欠いた応答のみが存在する、ということなのだ。」　　　　　（Freire 1968=1982:56）

　民衆にとって「沈黙する」とは、自らを世界の客体に位置づけることである。彼らは支配層によって作られた現実についての認識を受け入れる。彼らは状況に適応し、抑圧者の持つ意識を内化する。

> 「かれらが、生きるとは誰かのように生きることであり、誰かのように生きるとは抑圧者のように生きることである。」

（Freire 1970=1979:25　傍点原著）

　このようにして、被抑圧者でありながら、抑圧者であるという二重性の中に陥った民衆は、彼らを呑み込んでいる支配構造に気づくことが

第一部　変容をもたらす〈学習〉——対話による意味の創出

できず、むしろ自らの「被抑圧者性」に気づくことを恐れるようになる。なぜなら、彼らは抑圧者のイメージを内化し、その指針に身をゆだねているために、このイメージを放棄し、それに引き換えて自律と責任を持つことは彼らの意識や存在を危機に陥れるからである。このようなとき、彼らはしばしば自らが他の民衆や農民のボスに選ばれることを望み、そして昔の仲間たちに対して地主以上の暴君になる。しかし、彼らの陥っているこの二重性はたえず彼らを葛藤の中に巻き込んでいく。

> 「完全に自分自身でいるか、引き裂かれたままでいるか。内面の抑圧者を放逐するか、しないか。……創造と再創造の力を奪われて、また、世界を変革する力を奪われて沈黙しているか。」

（Freire 1970＝1979:24）

　フレイレの仕事の目的は、彼らをこの二重性から解き放つことにある。フレイレはその為の方法を「意識化」を獲得するための識字の力に求めた。「意識化」とは、支配―被支配、あるいは、抑圧者―被抑圧者という現実世界の二重構造に埋没し、その構造を内化している人々が、自らの生きる現実を「読むこと」、世界を「名づけること」をとおして、現実世界を対象化させていくことである。意識化が実現すれば、民衆は自分をこれまで規定していた世界の見方に気づき、それを変えていくことができる。そのようにして民衆は自分たちがこの世界で「本来占めている位置」を見出し、自分が世界を変え、自分を変えていく創造的主体であることを見出すのである。

> 「人びとが、所与の状況から生ずる示唆や問題に対する認識と反応の能力を豊かにし、他者のみならず世界との対話能力を獲得し広げるにつれて、彼らは能動的になる。……意識の能動性が、人間を可塑性に富んだ浸透性のある存在にする。社会から遊離していた人間が、社会と全面的にかかわって生きるようになる。」

（Freire 1968＝1982:44　傍点原著）

48

第二章 「変容」をもたらす四つの〈学習〉 ──〈学習Ⅱ〉から〈学習Ⅲ〉へ

　フレイレの仕事が、現在の日本社会にとっても意義深い理由はここにある。フレイレは単に支配─被支配の関係を暴きだすことを目的としていたのではなかった。彼は、識字を通して、その言葉が作られてきた背景、個人の所属する世界のコンテクストを読み解き、それを自分達の言葉で書くこと、世界を読むことを人々に身につけさせることをその仕事の目的としていた。「言葉を書くこと」と「世界を読むこと」との相関に気づくことは、「世界のなかにある人間」としての自覚を促す。リテラシーを手に入れることは個人と社会、二つの世界を架橋する道具を手に入れることである。それは私達にリテラシーを教えることの問い直しを迫る。

　　　「人間は世界を変革しつつ、そのことをとおして自らもまた人間化する主体的存在であり、まさにそこに人間本来の使命が見出されるのである」
　　　　　　　　　　　　　　　　　　　　　　（Freire 1968=1982:165）

　私達がフレイレから学べることは、リテラシーの育成が単に文字情報を処理したり、批判的に分析したりするという能力の獲得のみを目指すのではなく、「意識化」を通して行為主体性を育てること、「文化創造や歴史に参加できるという意識を育む」（黒谷 2001）ことを意味するのだという認識であろう。

　②生活綴り方の実践

　フレイレに先立つこと、60年ほど以前に登場した生活綴り方運動は、わが国の教育史において特別な位置を占めている[14]。

　生活綴り方とは1910年代以降日本に現れた、子どもの生活全体の指導を目的とする教育方法のことである。子どもの文章（生活綴方）を文集

14　綴り方教育については表現技術や教師の指導のあり方を巡ってさまざまな論争が行われてきたが、最近になって、教育評価の観点からその再評価が行われつつある。それは他者と比較するのではなくその子なりの伸びを把握し、その上で教育活動全体が評価されるといった個人内評価の観点や、教育目標を外部にある不変のものとみなすのではなくて、子どもの表現を丁寧に読み取ることによって、確かな学力を育てるためにどのような教材や教具がふさわしいのかを問い直すといった形成的評価の観点からの再評価である。

第一部　変容をもたらす〈学習〉──対話による意味の創出

に編集し、それらの作品をみんなで声を出して読みあい、聞きあい、その内容を自由に討論しあう。その結果として子どもたちの認識と感性を発達させ、人間関係の転換をはかる。これらの成果はまた子どもが生活綴方を書き、生活を表現する力に活かされていく。

　これらの実践を通して生活綴り方教師が目指したのは、生徒一人一人が自らの生活を見つめ直し、自然や社会事象と格闘する人間の営みの現実を見抜く「眼」を持つことであった。そこにはベイトソンの言う〈学習Ⅲ〉の学びに通ずるものがあり、学びの際に生じる問いは、生徒の行為がおかれている活動の大きなコンテクストを批評する問いのレベルに達している。そして綴り方教育における学びには、子どもたちに「忍苦の中に立ち上がる気力を奨励し」、「生活探求の自主性」、「協働性」「明朗」「健康性」を獲得させようとする教師の側の思いが反映されている（平岡 2005:31）。

> 「かぼそくも執拗に生きたたかってゐる人間の抵抗の姿を見らせる。訳を考えさせる。自然と抵抗し、社会と抵抗するいたましい現実を、見抜く『眼』の工作が、僕の仕事だ。その『眼』に能力としての、『技術』が訓練されて、構へとなり得る。その『技術』の文字表現能力を結びつけるのが綴方の仕事だと思ふ。」　　　　（加藤 1938:52）

　戦前、生活綴り方にかかわったとして逮捕・投獄されることになった寒川は、教え子である大関松三郎の詩「虫けら」[15]を評して次のように言

15　一くわ/どっしんとおろして　ひっくり返った土の中から/もぞもぞといろんな虫けらがでてくる/土の中にかくれていて/あんきにくらしていた虫けらが/おれの一くわで、たちまち大さわぎだ/おまえは　くそ虫といわれ/おまえは　みみずといわれ/おまえは　へっこき虫といわれ/おまえらは　虫けらといわれ/おれは　人間といわれ/おれは　百姓といわれ/おれは　くわをもって　土をたがやさねばならん/おれはおまえたちのうちをこわさねばならん/おれは　おまえたちの　大将でもないし　敵でもないが/おれはおまえたちを　けちらかしたりころしたりする/おれは　こまった/おれは　くわをたてて考える/だが虫けらよ/やっぱりおれは土をたがやさんばならんでや/おまえらをけちらかしていかんばならんでや/なあ/虫けらや　虫けらや」　『虫けら』大関松三郎　　　　　　　　　　　　　　　（佐藤 1991:113-115）

第二章 「変容」をもたらす四つの〈学習〉 ——〈学習Ⅱ〉から〈学習Ⅲ〉へ

う。

> 「その目は百姓の生活と、その暗い運命に向けられていった。それは
> まぎれもない自分の生活であり、運命だったのだ。……生きることは
> 悲しいことだ。しかも生きねばならない。許してくれと、虫けらを拝
> む松三郎は人間の中でも一番弱い人間であろう。しかし、ここを通ら
> なかったら、人間は人間らしい尊さに生きられないのだ。」

（佐藤 1991:115 ）

　生活綴り方教育が「学校教育の内部に到達点の設定できないもの
を目的としている」という留岡清男らの綴りかた教育批判の声（平
岡 2005:29）が正しいとしても、それぞれの生徒は当該の社会の歴史的
時間を生きているのであり、生徒の学びをそれらと切り離すことはでき
ない。

　綴り方教師であった坂本は、「子どもを知ることなしに子どもの上に
なされる仕事が多くの場合無意味である」（坂本 1938:38）と述べている。
そして、坂本の目の前には「子どもでさへ家の生産場面に参加させられ
る」厳しい現実があった（坂本 1938:39）。生活綴り方は、生徒一人一人
に向けられた教師の眼差しに支えられ、生徒に自らの「家の仕事」と現
実を理解した上で、忍苦の中から立ち上がることを願う教師たちの思い
を礎として展開された学習であったのである。

　上記に述べたフレイレの実践と同様、「生活綴り方」も「言葉を書く
こと」「生活を綴ること」によって、個人の背後にある生活のコンテクス
トを意識化させていくことを目的としている。ただ、コンテクストの
意識化を目指す学習として、初等教育という時期が適切であるかどうか
という疑問は残る。言い換えれば「眼」の工作と「技術」の文字表現能
力を同時に結びつけることは、小学生にとって重すぎる課題なのではな
いだろうかということである。もし、綴り方をコンテクストの意識化を
目指す学習として位置づけるなら、学習はフレイレのいうように「世界
を変え、自分を変えていく創造的主体として生きる」ことまでを目標と
したものとなるべきだろう。その点で生活綴り方が、そこまで到達しえ

51

第一部　変容をもたらす〈学習〉——対話による意味の創出

る実践であったかどうかという点については、学習時期という観点からの見直しが必要とされるといえるかもしれない。

(2)「世界」との対話

　では、私達はどのようにすれば、状況に埋め込まれた生活世界のコンテクストを意識化し、新たな文化と歴史の創造者として世界にかかわっていくことができるのだろうか。

　フレイレはそれを可能にするものとして「対話」をあげる。彼は、「伝達」と「対話」を（この二つは、「普及」と「意識化」という対立概念としても捉えられる）まったく相容れない二つの活動であると認識している。彼は「普及」（extension）という語が持つ語の意味作用を「伝達、交付すること、ほどこし、メシアニズム、機械論、文化侵略、操縦」（Freire 1968=1982:136　傍点原著）と関連付けて捉える。そしてこれらの語はすべて人間を物と化し、彼が世界を変革する存在であることを否定する行為としての意味合いを含む。

> 「普及ということばは、何かを誰かのもとへ、もちこむ、移す、手わたす、預け入れる行為を暗示するものであり、そうである以上、このことばの概念に機械論的な含蓄があることは疑うべくもない。」
>
> 　　　　　　　　　　　　　　　　　　　　（Freire 1968=1982:144 ）

　彼は、教育し教育されるとは、知識のあるものから無知なものへと何かを差し伸べるような行為ではなく、不断の相互作用を通して、「同じ思考対象を思念しつつ、その思考内容を、互いに伝え合う」（Freire 1968=1982:220　傍点原著）ことであるという。

> 「反対話的行動理論では、その第一の特徴である征服は、他人を征服して物に変える主体の存在を当然の前提としている。対話的行動理論では、主体は、世界を変革するために協同する中で出会うのである。」
>
> 　　　　　　　　　　　　　　　　　（Freire 1970=1979:227　傍点原著）

　コミュニケーションとは「不断の相互作用」である。そして、コミュ

第二章　「変容」をもたらす四つの〈学習〉　——〈学習Ⅱ〉から〈学習Ⅲ〉へ

ニケートするとは互いの思想交流をとおして、対象が何を意味している
かを明らかにしていくことなのである。それゆえにコミュニケーション
において「受動的な主体」などというものは本来存在しない。互いに語
り合う両者のあいだに対話的関係が成り立つのは、互いが互いを自らの
思考にとって対等の、不可欠の存在とみなしているときのみである。

> 「思考する主体は、ただ一人では思考することができない。ある対象
> について考える行為において、主体は、他の主体がともに参加するこ
> とによってはじめて思考を行うことができる 」(Freire 1968=1982:218)

　彼がこのように言う理由は彼が出会った民衆の中に、彼一人ではたど
り着けなかった世界に対する問いへの契機を読み取っているからであ
る。彼は自分に決定的な影響を与え、何十年立っても耳朶に残り、体に
響き続けている言葉として一人の貧しい男の言葉を記述している。その
言葉は、教育における権威と自由、罰について、講演したときにフレイ
レに向かって発せられた。「パウロ先生、先生は、ぼくがどんなところ
に住んでいるか、ご存知ですか？　ぼくらの誰かの家を訪ねられたこと
がありますか？」「私らは朝の四時には目を覚まし、辛くて悲しい、希
望とてない一日を、また今日も繰り返さなければなりません。私らが子
どもを打ったとしても、そしてその打ち方が度を越したものであると
しても、それはわしらが子どもを愛していないからではないのです。」

(Freire 1992=2001:32)

　フレイレは、このような他者との対話が新たな問いを提起すること、
そして自己との新たな対話を生み出すことをこのように述べている。

> 「マルチン・ブーバーの言葉でいえば、反対話的で支配する側の我Ⅰ
> は、支配され征服される側の汝thouを、たんなるそれitへと変形す
> る。しかしながら、対話的我Ⅰは、自らの存在を出現させたのがまさ
> に汝（非我　not-I）であることを知っている。かれはまた、かれ自身
> の存在を出現させる汝が、同時に別の我にほかならず、その我のなか
> に汝があることも知っている。我と汝は、こうして、弁証法的関係の

53

第一部　変容をもたらす〈学習〉——対話による意味の創出

なかでは、ふたつの我になると同時にふたつの汝になる。」

(Freire 1970=1979:227-228　傍点原著)

　「我」との対話は「汝」と対話することによってのみ導かれることができる。そのような対話の相手は「我」と分かちがたく結びつき、しかも「我」を「新しい我」へと導くことのできる他者性を伴った「汝」である。対話教育とは「教育者と被教育者を認識主体として連帯させる真の知的探求」(Freire 1970=1979:253)なのであり、「自分がとりくんでいる現実の中に変革をよびおこし、その変革の結果として、己を変革するものでなければならない。」(Freire 1970=1979:252)

　教育者と被教育者がともに互いの他者性を通して自己内対話へと導かれ、新たな自己へと現在の自己を変革していくこと、それがフレイレの目指した対話である。そして、フレイレは互いが互いを変革する主体であり得るという認識の上で、「我」と向き合い「我」を変革し「世界」を変革する主体として生きることを、かけがえのない「汝」である民衆に求めたのである。

　　　「対話的行動理論は、征服によって支配する主体や支配される客体の
　　　存在を前提とはしない。そのかわりに、世界を変革するために出会
　　　い、世界を命名する主体が存在する。」

(Freire 1970=1979:228　傍点原著)

　我々は、「世界を変革するために出会い、世界を命名する」ために出会う。では「世界を命名する」とはどういうことか。

　それは、私を取り巻く支配的コンテクストによって名づけられた私と世界を、反対話的他者の手から取り戻すことである。フレイレの前にいるのは「無知で愚かな農民」ではない。彼らは「知ることを奪われ、沈黙することを強いられた」人間であり、同時に経験知とごまかしと狡知を併せ持ったひとりの人間である。であるからこそ、彼らは支配的文化の中で自らがどのように呼ばれ、書かれているのかを知らねばならない。自らが内化した「現実世界の構造」を意識化し、対象化するため

54

に「書くこと」を学ばなければならない。彼らの書く言葉の中に支配的
文化によって「貧しい農村の女」と書き表された「女」などは存在しな
い。それは民衆の誰かにとってのかけがえのない母であり、娘であり、
妹なのである。大和朝廷と日本国によって土地を奪われ、その言葉まで
も奪われようとしたアイヌの民にとって、自分達が住む土地は「日本」
でも、「北海道」でもない。そこはアイヌモシリ（人間の大地）であり、
彼らはアイヌ（人間、わたしたち）である。この認識の中から、世界を語
り直す彼らの、そして我々自身の言葉が生まれる。土地を収奪し、言葉
を奪う日本人はそれにもかかわらず、シサム（隣人）とアイヌ語では呼
ばれる。アイヌの民から「シサム」と呼びかけられることは、「日本人」
である「私」に新しい問いを提起し、「私」を新たな「我」との対話へ
と導く。それはフレイレによって「人間化」と呼ばれた対話、アイヌ・
ネノアン・アイヌ（人間らしい、人間）へ向けた対話へ向けた出会いとな
る。

　このような世界の命名とそこから導かれる新たな対話を通じて、教育
者も被教育者も、「変革的、創造的」な行為主体として、世界と現実に
関わっていくことができるのではないだろうか。

第四節　ナラティヴによる学習
——自己との対話によるコンテクストからの解放

　前節では、「我々のうちに取り込まれたコンテクストをどのように意
識化するか」という問いを世界との関わりという水平面の中で見てき
た。状況に埋め込まれた生活世界の意識化は、個人が新たな文化と歴史
の創造者として世界にかかわっていくための手段であり、それは他者と
の対話を通じて新しい我との出会いの中で獲得されるものであった。

　本節では、同じ問いを個人の中に蓄積された歴史的時間という垂直方
向の関わりの中で見てみたいと思う。その為の方法としてここでは個人
によって語られる言葉に着目する。そして、自分を語る言葉（ナラティ
ヴ）が導く対話について考察を加えていきたい。

55

第一部　変容をもたらす〈学習〉——対話による意味の創出

1. コンテクストの外在化

(1) ナラティヴの表出——自己を語る言葉

　人々の自己物語の研究は、人類学、歴史学、心理学、文学、社会学、社会人類学といった分野で実証主義的研究に代わる質的研究の手法として大きな位置を占めてきた。そのような人々の自己物語はライフヒストリー、ライフストーリー、ナラティヴというようにいろいろな名前で呼ばれる。語り手がそれまでの生活史において、どのような経験を通して他者と出会い、どのようなコンテクストを獲得してきたのか、それを理解することが自己物語研究の目的である。個人が、それぞれの人生で起こった出来事をどのように意味づけ語っていくかは、語り手が生きる社会や、語り手が出会った人々の持つコンテクストに影響を受ける。個人は〈学習Ⅱ〉を通じてその社会や人々のもつコンテクストを獲得していくのである。このようにして獲得された社会の持つコンテクスト、語り手の認識を無意識に支配するコンテクストはドミナントストーリーと呼ばれる。そしてそれは「私たちの人生を制約する物語、人生の下敷きとなるような物語」（野口 2002:80）となる。エンゲストロームの言う、ダブルバインドに直面し個人的な例外となった主体とは、このように自らを認識する仕方として、あたかも「現実」のように感じられるようになったドミナントストーリー（コンテクスト）と自分自身のあり方との間に齟齬を感じている主体としても位置づけることができるだろう。

　さらに、〈学習Ⅱ〉で取り込まれるコンテクストについて考えるとき、

16　それぞれの違いは、語り手の「自分を語る言葉」（ナラティヴ）をプロットに沿って組織し、何らかの筋立てを加えたものが「ライフストーリー」であり、さらにその「ライフストーリー」を人生の物語として構成し直したものが「ライフ・ヒストリー」であるとして考えることができる。（野口 2007）「ライフ・ヒストリー」は「個人の生活の過去から現在までの記録」（谷 1996:6）であり、社会学における調査研究の方法として「一つの事例から索出された仮説を他の事例と突き合わせ、強化、修正、棄却、あらたな発見などを繰り返しながら、より信憑性の高い仮説に仕上げていく」（谷 1996:23）ために用いられることを目的としている。これに対し、「ライフストーリー」は、個人が経験をどのように組織するか、どのように語るかに関心がおかれ、人々が日常生活の経験を物語るときの語り方が研究の対象となる。

第二章　「変容」をもたらす四つの〈学習〉　──〈学習Ⅱ〉から〈学習Ⅲ〉へ

自己を規定するコンテクストと共に、自己を語る「語り方の様式」も取り込まれることに注意しておく必要がある。野口は我々の語りの様式が「モダニストの語り」の影響を受けて成立していることを指摘する。「モダニストの語り」とは「苦難を受け、切り抜け、克服した」という形を持つ語りのことである。それは「旅の出発、争いへの参加、苦難の忍耐、目的の達成、安住の地の建設」と言う基本プロットを持つ。しかし、実際には「回復」「克服」といった結末に至らない物語も多く存在している。ホスピスや老人ホーム、「アルツハイマー」という病を抱えた患者など、このモダニストの語りに集約されない数多くの語りが臨床の世界にはある。この「原因─治療」という医学モデルによらず、また「回復」「克服」といったモダニストの語りにも収束されない経験、及びその経験を語ろうとする意志が新しいナラティヴを生み出していると野口は指摘している（野口 2005:216）。しかし、意味が他者との関係の中に存在するということは、同時に他者との関係の中で意味を変えることができるということでもある。他者との対話を通じて自己を規定するコンテクストが変われば、人生に起きた出来事の意味もまた変容する。語り手は体験を単に「報告」しているわけではなく、「語る」ことを通して、新しい体験的意味や主体的意味を絶えず構成していく存在であるからである。そしてまた、我々が自己を語るとき、または他者の物語を聴くとき、我々の語りの様式がどのような様式に沿っているのかについて注意深くあることは、語りが構成しようとするものへの関心と同程度に重要である。ライフストーリーを語ること、語り直すことは、この点において、生活の中で無意識に取り込んだ物語を、他者との対話を通じて外在化し、客観化することで〈学習Ⅱ〉での捕らわれから自らを解放していこうとする〈学習Ⅲ〉へ向けた学習となる可能性を持つ。

　本節では、このような「人間の意味システム」の「再構造化」（庄井 2005）を促し、一人の人間の自己認識の仕方（アイデンティティ）や自己物語の変化をもたらすものとして、人々のナラティヴに支えられたライフストーリーを捉え「学習Ⅲ」に向けた支援のための手がかりとして検討していきたい。

第一部　変容をもたらす〈学習〉——対話による意味の創出

(2) ガーゲンの「関係内存在としての自己」

　人々の自己物語が持つ特徴の一つは時間性である。過去の自己を語るためには必然的に「今—ここ」にいる語り手としての「私」と「あの時—あそこ」で出来事を経験した「私」という二つの時間を生きる「私」の存在を必要とする。「今—ここ」にいる私からの過去の経験の対象化は、語り手自身の中で二つの「私」の対話を可能にする。桜井は自己の経験を語ることが、体験というパーツを結びつけて一貫性をもたらしたり、混沌としたものを整理したりして「ストーリーとして外在化」することにつながると指摘する（桜井 2005）。ナラティヴセラピーはこの二つの私に注目し、語り手の内側から語り手を支配している物語を書き換えることによって患者の抱える問題を外在化することを目指している。セラピーにおいて、語り手はセラピストの手助けを得ながら、問題を自己から分離し、自己が支配されていたドミナント・ストーリー」に気づき、自己物語を新たに作り出すのである。

　　　「私は話しながら自分自身を聞くのであり、そうすることによって、
　　　私自身の主観的意味は私にとって（より現実的）なものになる。」

　　　　　　　　　　　　　　　　　　　　　　　　　　　　（野口 2005:39）

　このようなナラティヴによる自己物語へのアプローチの立場は、主体—客体を対立する二元論としてではなく、相互交渉し、相互構築するものとして捉える社会構成主義の考え方にその基盤をおいている。社会構成主義では、現在我々が持つ世界の理解の仕方は人びとが互いに関わる社会過程や社会的交互作用の結果であり、この社会的交互作用は言語

　17　例えばM.ホワイトはこの外在化のために次のような手順を取っている。
　　　「1、その人の人生や人間関係を貧しいものにしている知識や物語から、
　　　その人自身が〈離れられるよう〉手助けをする　2、その人が服従を余
　　　儀なくされている自己や人間関係に〈対抗できるよう〉援助する　3、
　　　その人にとって望ましい結果をもたらすオルタナティヴな知見またはス
　　　トーリーに沿った方向で、自分の人生を〈書きかえられるよう〉励ます」
　　　　　　　　　　　　　　　　（McNamee, S.,& Gergen, K. 1992＝1997）
　18　ホワイトは遺糞症の男児の「問題」に『スニーキープー』という名前をつ
　　　けて擬人化し、外在化している。　　　　　　　　　　（野口 2002:73）

第二章 「変容」をもたらす四つの〈学習〉 ——〈学習Ⅱ〉から〈学習Ⅲ〉へ

を用いたコミュニケーションを通して行われるため、知識や現実は言葉によって不断に構成され作られていくと考えられる。

> 「物語が変化をもたらす力を持つものは、人生の出来事を今までとは異なる新たな文脈へと位置づけるからである。人は、他者との会話によって育まれる物語的アイデンティティの中で、そして、それを通して生きる。」
> （McNamee, S., & Gergen, K. 1992=1997:65傍点原著）

これを自己物語に置き換えてみれば、語り手が過去に経験した出来事の意味は、「今─ここ」にいる他者に向けて語りなおされることで再構成され、変化・変容する可能性をもつということにる。

例えば、ある高校生は大切な友人に自分が母子家庭であることを打ち明けたときのことを次のように語っている。

> 「私が母子家庭なのだということを告白したのは、出会ってから二年半たつころでした。ずっとかくしてて、自分は大っきく考えていたのに、彼女は重大問題にとらなかったんです。私は途端に拍子抜けしちゃいました。あんなに緊張して頑張って言ったのに……。だけど考えてみれば、別にそんなこと重大問題にしなくてもよかったんですね。そう気づいたら、母子家庭ということが私の中で小さくなっていたんです。」
> （全国高校生の主張 1992:19）

自分にとっての「重大問題」が対話の相手にとって「重大問題」としてとられなかったことはしばしば落胆や失望をもたらすこともある。しかし、この語りから分かるのは母子家庭という「問題」が語り手の聴き手との関係性の中では、「重大な問題」ではなかったということである。この他者との経験を通じて語り手は「母子家庭」であることの捕らわれから自己を解放していく。

また精神「障害」者のコミュニティである「べてるの家」では、外部から「病気の証拠であり、望ましくないもの、治すべきもの」として規定されてきた「幻聴・幻覚」の体験を「幻聴さん」と呼んで毎年「幻覚

第一部　変容をもたらす〈学習〉——対話による意味の創出

&妄想大会」を開いている。年末にはその年最もすぐれた幻覚&妄想が
表彰され、会場は笑いの渦に包まれる。それまで「隠すべきもの、語る
べきでないもの」として受け取られていた経験が、「今—ここ」にいる
他者と語りあうことで「その人の生きる世界の重要な一部」となる（野
口 2002:174）。

　K. J. ガーゲンは、自己／他者、内部／外部、個人／社会という二元
論的思考に対し、バフチン（Бахтин, M. M.）を引用しつつ、「関係内存在
としての自己」というあり方を提起する。対話という状況の中である発
話が意味するものは対話の相手との関係によって常に変化する。言語の
持つ意味は新しいコンテクストにおかれる度に微妙に変化しているの
で、個人が何かを意味することができるかどうかは、その時々の話し手
と聞き手の関係によって決まる。

　　　「たとえば『いいね』という文そのものだけでは、私たちに何も語っ
　　　てはくれません。しかしながら、この文が、イヴァンとピーターがあ
　　　る晩遅く2人で暖炉の火をじっと見つめながらワインを飲んでいる時
　　　に、イヴァンがピーターに向けて言ったのだとしたら、それは重要
　　　な対話の一部となってきます。それに対して、ピーターが同じように
　　　『いいね』と答えた時、その文の意味はまた違うものになります。こ
　　　の場合、その文は『同意』、あるいは『絆』を意味するかもしれませ
　　　ん。」
　　　　　　　　　　　　　　　　　　　　　　（Gergen 1999=2004:195）

　このようにして、言葉や行為の意味は話し手と聴き手の関係の中に存
在することになる。だからこそライフストーリーを語ることは、語り手
が他者との、あるいは過去の自己との対話を通じて、〈学習Ⅱ〉を通じ
て過去に取り込んだコンテクストを外在化し、自己を再構築するための
学習となりうるといえるだろう。

2. ナラティヴによる学習の中の対話

(1) 自己物語としての「語り」の実践
　自己物語としての「語り」は、教育の場面では、生い立ちの語りや生

第二章　「変容」をもたらす四つの〈学習〉　——〈学習Ⅱ〉から〈学習Ⅲ〉へ

活相談室でのカウンセリングを目的とした語り、家庭訪問を通してぽつぽつと紡がれる生活背景の語りなど、さまざまな形を取って表れる。また、他者の自己物語を聴く場面にも、学級開きといわれるような初めての出会いの場での友人の語りや、「障害」を持った方、戦争体験者の方の語りなどの場面で遭遇することになる。そしてそのような時、他者の語るライフストーリーはしばしばそれを聴くものに大きな影響を与える。

　このような場面で語られるライフストーリーは前述の対話的構築のための語りとはやや質を異にしている。それは語り手が自己を再構築することよりも、聴き手に向けて理解と共感、そして連帯を求める語りとして語られるからである。だが、それ故にこのような場では聴き手が語り手の言葉をどう受け止めるのかが非常に大きな意味合いを持つ。ここでは、ライフストーリーを語ること、聴くことが教育の場で学習者にもたらす影響について考えてみたい。

　次に述べるのはある被差別部落出身生徒が自らの立場を教室において語ったときのエピソードである。[19]このとき、教室で自分の立場を打ち明けることを決意した理由を、彼は次のように述べている。

　　「部落出身者として生きている自分が『いるのにいないことに』なって授業がすすんでいく辛さ。自分のあるがままの存在を否定されているということ。……みんなとのつながりも深くなり、みんなのことを大切なクラスメートだと思えるようになってきたからなおさら、ありのままの自分を伝えたくなっていた。」

彼は、語り終えたあとの不安な気持ちをこのように綴る。

　　「次の授業の時も、『みんなは、僕のことをどう思っているのだろう？』とそのこと　　　が気になって気になって授業どころではなかった。なんか、僕の席だけが孤島のように、ポッカンとみんなから浮い

19　『ハートで挑戦—自己解放への道』第15話「最高の授業＝最低の授業」
　www.kaihou-s.com/heart/heart_0.3.htm.

第一部　変容をもたらす〈学習〉——対話による意味の創出

ているように感じていた。」

　昼休みになり、彼はダッシュで職員室に向かう。教師は彼にこの授業がみんなの「本音」が出されたとても良い授業で感動したという。期待して感想を読み始めた彼が目にしたのは次のような文章である。

　　「『そんなに、深刻に思いつめんでも、別にもう差別なんかないやん』『ボクらはもう部落とか気にしないよ』など、確かにみんなはホンネでびっしり自分の思いを書いていた。が、感想を読みながらすごく『へこん』でいくボクがいた。」

　語り手である「ボク」が期待しているのは、聴き手である「みんな」からの「ありのまま」の自己としての応答であった。しかし、返ってきたのは「ボク」が被差別部落出身というコンテクストにこだわっていることへの疑問であり、非難である。このエピソードにおいて、語りを聞いた生徒、教師の内部では自己に対するなんらの問い直しも変容も行われていない。このような、聴き手の側が自己のスタンスを保ったまま行われる語りにおいては、語り手の「物語」は聴き手によって消費される「独話」になっており、そのことが語り手を空しくさせる理由となっている。このエピソードが伝えるのは、「語り—聴く」という行為が、語り手と聴き手による相互の、そして共同の行為であるということである[20]。

　桜井（2002）は自己物語にもとづく語りを、過去の出来事や経験が何であるかを述べること以上に〈いま—ここ〉で語り手と聴き手の「双方の『主体』が生きる」（桜井 2002:31）ことであると考えている。では、語り手と聴き手の「双方の『主体』が生きる」ような、「語り—聴く」行為とはどのような行為なのだろうか。

　次のエピソードはある小学校の６年生での、クラスメートの語り——「僕の母は体がわるい／…ときどきお母さんが『もうあかんわ』という

20　このエピソードについては、「生い立ちの語り」の様式としての示唆も含まれているように思われるが、それは改めて第三章で考察したい。

第二章 「変容」をもたらす四つの〈学習〉 ——〈学習Ⅱ〉から〈学習Ⅲ〉へ

ときがある／……ときどきぼくは寝てるとき泣くことがある／それはおかあさんのことだ」（矢野 1989:134-135）——を受けての生徒たちの感想である。

> 「わたしもいやなことがある。わたしのところはいま、べっきょちゅうだけど、‥お父さんがお母さんを起こし‥たたいたりなぐったりしていた。おねえちゃんもとめにはいり、お姉ちゃんもなぐられた。それをずっと見ていた私は、今になると（なんでとめなかったん）と思い、時たまふとんの中で思い出したりしては泣いたりしていました」
>
> 「（Y君の）お母さんが『もうあかんわ』ていうた。そのときのY君の気持ちがわかった。私もお母さんにいわれるときがある。そのときは泣きそうなくらい悲しくなる。だから私はY君の気持ちがのりうつったかのようにわかる」
>
> 「おばちゃんが『もうあかん』といった時、Y君は『そんなこと言ったらあかん』といった時、おばちゃんはとってもうれしいと思う。今の自分とY君とでは、自分が負けている。自分がもし同じ立場でいたら、こんなこといえないと思う。」
>
> （矢野 1989:135-137）

　「わたしのとこは……」「のりうつったようにわかる」「今の自分とY君と……」といった表現は、ここでの体験が、クラスメートによって自己の体験をYの立場で問い直す語りとして受け止められていることを表している。それはYの語りが「独話」としてではなく、「他者」と「我」がともに変容する「対話」として受け止められていることを示す。この深い対話によってYの体験は、聴く側の自己を変容する力を持つ。深い対話のあとには、「Y君、……がんばりや。私もがんばるからな。やくそくやで」「これから自分もY君みたいに強くなっていかなあかんな。Y君もがんばりや」というYに対する連帯の応答が続いている。
　ガーゲンは他者を理解することは相手の心の中にあるものを突き止めようとすることではなく、互いが互いの行為を「補完」しつつ、相手に合わせて互いの行為を「調整」し「調和」させることであると述べてい

第一部　変容をもたらす〈学習〉——対話による意味の創出

る。

> 「私の行為に対してあなたがどうふるまうかが、私の行為にかけている何かに意味を与えてくれる—— つまり補完するのです。他者の補完的な行為を通してはじめて、私は『何かを意味する』力を得るのです。」
> 　　　　　　　　　　　　　　　　　　　（Gergen 1999=2004:216-217）

　聴き手が語り手の語りに好奇心をもつことは肯定の証であり、「他の人の苦しみに『心を動かされる』ことは肯定の高度な形」（Gergen 1999=2004:236）である。このような「私の表出」を肯定的に受け止めてくれる他者とともに、「語り—聴く」という行為に向けて互いが互いの行為を調和させる行為がライフストーリーを語り、聴くということである。
　自己のライフストーリーを語ることは決して容易なことではない。それは自己のアイデンティティを構築してきたコンテクストを自らに問い直し、他者に曝し、他者の応答を待つ行為である。にもかかわらず、人がライフストーリーを語るのは、なぜ、そしてどのようなときなのだろうか。庄井（2002）はそれを、「聴きとる共存的他者と出会い、沈黙の響きから語り始めるそのとき」（庄井 2002:134）と規定している。

> 「語るという活動が、その人にとってかけがえのない思想と言葉を生み出すためには、その人の心の奥底にうごめいている『あるがままの感情』と向かいあい、発話する主体にとって嘘のない言葉を紡ぎだしていくたたかいが必要である」
> 　　　　　　　　　　　　　　　　　　　　　　（庄井 2002:135）

　この「たたかい」の成否は語りを受け止める「他者」にかかっている。だからこそ、他者の語りを聴くことは、受容的な行為ではありえない。それは聴き手が語り手からの呼びかけを受けて、語り手の持つコンテクストによって自らの過去を問い直す「たたかい」でもある。聴き手の心の中では語り手によって紡がれる「語り」に応答して自己との対話が生じている。語り手の問いに応答して、聴き手の中に紡がれる自己と

の対話、それが語りを支える重要な要素になっているといえるのではないだろうか。

（2）過去との対話

　本節では過去の自己の持つコンテクストから、自らを解放するための学習としてライフストーリーという手法を示した。そしてライフストーリーを支える対話として次の三点を指摘した。
　・　「あの時―あそこ」の自己を「今―ここ」にいる現在の自己が振りかえることで、自己の過去の体験が外在化され、再構築される対話
　・　「あの時―あそこ」の自己を「今―ここ」にいる他者に語り、語りが他者によって受け止められ、反応が返されることで語り手自身の体験の意味が変容する対話
　・　語り手の体験を「今―ここ」にいる自己が聴くことによって、聴き手である自己が「あの時―あそこ」の体験を振りかえり、その意味を再構築する対話
　ここでの結論は、個人の意味システムは、共にその意味システムの変換を創造してくれる他者との対話の中で可能となるということである。その際、対話を共に生成する他者の役割は、語り手個人に対して直接働きかけるというよりも、語り手の語りを自己への問いとして受け止め、自己のなかで相手の語りを再構成していくような存在の仕方で語り手と共に居るということであった。「相手と共にいる」と言うことはかけがえのない個として他者を認識し、そのものの内部で生じている問いを自己もまた一人の個として自らの上に引き受ける姿勢で「いる」ということである。「対話」を通じて過去の自己へと、心の奥の深みへ体験を問い直す旅にでるとき、私たちは一人ではない。そこには、いつも「他者」という同行者が存在している。そして、この他者を伴った旅の体験が私たちを過去の自己への捕らわれから解放し、他者と生きた経験の意味を問い直し、新たな自己へと導くのではないだろうか。

第一部　変容をもたらす〈学習〉——対話による意味の創出

第三章　〈学習Ⅲ〉へと向かう対話
——創出される意味の連関

　本章では、第二章で述べてきた四つの学習をそこで交わされる対話に焦点化しながら、〈学習〉の三階型と関連付けて考察する。その上で、〈学習Ⅱ〉から〈学習Ⅲ〉へと向かう方向性を持った四つの学習の中で交わされる対話の意味の連関を図式化する。

第一節　学習の整理と対話の連関

1．四つの学習と対話の整理

　第二章では変容をもたらす学習をベイトソンの学習階型論を用いて四つの学習に分類し、特にそれらの学習の中で交わされる対話に焦点化して学習の考察を行ってきた。これらの学習の中で交わされる対話は、更に世界を認識する主体が共同体か個人か、また学習の中で生じる問いの所在はマクロレベルか、ミクロレベルかという観点から整理することができる。そこで、ここではひとまず、縦軸に「問題の所在」のレベルを置き、横軸に「変容の主体」を置いてその両面から四つの学習とそこで交わされる対話を整理してみる。

　まず、「協同による学習」は、一つの共同体に属する個人個人がそれぞれに固有化したものごとについての感覚的な意味（自然発生的概念）を他者のそれとぶつけ合いながら、共同体として共有できる意味（科学的概念）を作り出そうとする学習である。

　例えば「果物」という言葉から想起するイメージは個人によって違う。あるものは「赤くて小さいさくらんぼ」をイメージするだろうし、あるものは「黄色くてすっぱいレモン」を想起するかもしれない。ま

66

第三章 〈学習Ⅲ〉へと向かう対話——創出される意味の連関

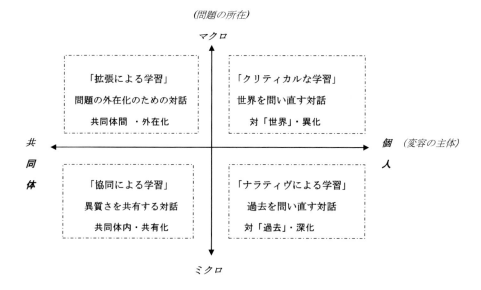

図3 学習と対話の整理

た、あるものは「風邪を引いたときに母がすりおろしてくれたりんご」の味を思い出すものもいるだろう。この感覚の違いに注目しながら「果物a」「果物b」「果物c」……が対話を通してぶつかり合い、自分とは異なる見方や考え方への気づきを繰り返しながら、それらに共通する概念を「これらは野菜ではなく『果物』である」という概念で共有していこうとするのである。つまり、この学習は個人の感覚的な意味の違いを、対話を通して共同体で共有していこうとする学習であると言える。

そして、「拡張による学習」はそのようにして作り出されたある共同体で共有された概念—そしてそれは当該共同体に属する個人に感覚となって取り込まれている—を、違う共同体の異なる状況下で形成された個人の感覚とぶつけ合うことで、さまざまな声を取り込みながら、新たな意味を持ったシステムを作り出そうとしている。例えば米の輸入といった問題は、米を主食とする共同体とそれ以外の共同体とでは異なる意味を持つ。日本人にとって米は他の農産物とは異なる感覚を与える作物である。それは、米づくりが日本人にとって祭りや伝統行事とも結び

67

ついた大切な文化の源となっていることに起因する。「拡張する学習」はこのように共同体によって異なる感覚を持った個人個人が、共同体間の対話を通してそれぞれの共同体が持っている意味の違いというマクロなレベルでの問いの所在に気づき、個人の問いを共同体に外在化して、多様な感覚を取り込みつつ新たな共同体間の活動を作り出していこうとするのである。

「クリティカルな学習」は、当該社会の一般的な意味というマクロな問題を個人の持っている感覚的な意味と対置し、自らを取り巻く世界と対話を繰り返しつつ、個人の感覚を社会の一般的な意味から異化していく学習である。「女性／男性」「障害者／健常者」「高齢者／若者」や「生徒／教師」といったように、私たちの個々の違いを無視して一般的・抽象的な「意味」でひと括りにして私たちを名づけてしまおうとする意志に対して、注意深くクリティカルな姿勢を保つこと、それが「クリティカルな学習」である。

また、「ナラティヴによる学習」は、過去に他者の声を通して取り込み、個人にとって当たり前の事実のように感じられている個人のミクロな感覚的意味を、語りを受け止める「他者」との対話によって、現在の私の視点から再び問い直し、再構築していく学習である。例えばそれは、「女性は男性よりも劣った存在である」という私の認識がどこで形成され、私の現在を形作ってきたのかを深く見つめ問い直す学習といえるだろう。

2．学習における対話が生み出す意味

ここではさらに、上記のような目的を持って行われる学習の過程で、学習者の間で生じる対話とそこで生み出される言葉の役割に注意しながら、それぞれの学習論の相関をより詳しく考察してみたい。

第二章第一節で述べたヴィゴツキーの言葉の「内的な意味（meaning）」と、言葉の「感覚的な意味（sense）」は、社会歴史文化的アプローチを用いて学習を捉えているH.ダニエルズ（Harry Daniels）によると次のように説明することができる。すなわち、言葉の「内的な意味（meaning）」とは個々の文脈を越えて一般化された「社会的意味」のこ

第三章 〈学習Ⅲ〉へと向かう対話 ——創出される意味の連関

とであり、それは「他者の文脈の中に存在しており」「他者の意図に仕えている」(Daniels 2001＝2006:86/20)[21] そして、言葉の「感覚的な意味(sense)」とは、自己と他者が作り出す具体的な「個人的意味」を指し、「話し手が言葉に自らの意図やアクセントを住まわせ彼自身の意味的・表現的な意図に言葉を順応させながら言葉を自己固有化するときだけ」言葉はその人のものになる (Daniels 2001＝2006:20)。

我々は、〈学習Ⅱ〉で我々にとって重要な他者を通じてさまざまな価値観やモラル、物事の語り方を身につける。このようにして取り込まれた他者による世界の捉え方、「社会的意味(meaning)」は、我々のうちに「個人的意味(sense)」となって取り込まれ、我々の性格や価値観、人生に対する態度、つまりアイデンティティを構築する。そして、〈学習Ⅲ〉へ向けた学習とはこの我々が取り込んだ「個人的意味(sense)」と「社会的意味(meaning)」を問い直す学習として考えられる。

第一章でも見たように、ガーゲンはベイトソンの〈学習Ⅲ〉を次のように定義していた。

> 「それは新たな意味の学習から始まり、意味の新たなカテゴリーを開発し、意味それ自体の性質についての前提を変化させることへと進展する」
>
> (McNamee, S., & Gergen, K 1992＝1997:214)

ガーゲンの言う「新たな意味の学習」を、ここでは「新たなmeaning」と「新たなsense」の構築に向けた学習に分けて考察してみよう。

(1)「協同による学習」と「拡張による学習」における対話 ——「新たなmeaning」の構築

「協同による学習」における対話は、一つの共同体に属する個人個人の「感覚的な意味(sense)」が、他者の「感覚的な意味(sense)」とぶつ

---

21 「 」内の言葉はダニエルズによるバフチン (Бахтин, M. M.) からの引用である。

69

第一部　変容をもたらす〈学習〉——対話による意味の創出

かり合い、他者の異質さを認め受け入れながら行われる。ここで注目されるのは、自分とは異なる他者の感覚への「驚き」と「疑問」（なぜこの人はこのように考えるのか）がこの学習の推進力となることである。

　例えば、その具体例を「国境なき医師団」として活躍している貫戸（2000）による授業実践に見てみよう。貫戸は、医師として派遣された先で自身が直面した問い、「たった一本しかない酸素ボンベをもう助からないと分かっている患者に与えるかどうか」という問いを生徒に投げ返し、生徒たちの間の対話を作り出している。生徒たちの間で交わされた対話は、目の前の患者を助けるのか、少しでも多くの患者が助かる確率を追及するのかをめぐって白熱する。そして私たちにとっての「正義」の意味が協同で探られていく。ここで交わされる他者の異質性から生じる問い「なぜあなたはこのように考えるのか」という驚きと疑問をはらんだ問いは、今までの自分が所属していた小さな物語の扉を開ける鍵となる。と同時にそれぞれの小さな物語を「私はなぜこのように考えてきたのか」という視点から問い直すきっかけになる。

　そして「拡張による学習」は、「私はなぜこのように考えてきたのか」という問いを、より広い、拡張された文脈の中で考えていこうとする学習である。私の「小さな物語」は私の属する「小さな共同体の物語」でもある。例えばそれは、エチオピアで飢餓に直面した少年の「ぼく、幸せだよ」という言葉（吉田　1999:100）から、「私たち」の共同体にとって「幸せ」とは何を意味しているのかを考え直すことである。この学習は「私」そして「彼／彼女」が「なぜこのように考えてきたのか」を、それぞれの共同体—学校、会社、国、ジェンダーといった共同体—それ自身に内包されている価値観の問題として捉えようとする。現代社会では個人が直面する問題の多くは当該者の能力や才能の問題に帰せられ、どのようにそれらの問題に対処できるかが個人の評価になる。しかし、彼／彼女がどうしてある行動をし、ある思考過程をとることになったかを個人の「感覚」の問題として結論付けるのではなく、彼／彼女が所属する共同体の「社会的意味」が持つ問題として捉えるならば、それは人々の間に共同と連帯の感情を呼び起こすことができる。

　「私がなぜこのように考えてきたのか」という問いは「私たちはなぜ

70

第三章 〈学習Ⅲ〉へと向かう対話 ──創出される意味の連関

このように考えてきたのか」という問いとなって人々の間で共有された問いとなるのである。そしてある共同体で提起されたこの問いは、一つの共同体と関連する他の共同体との関係を問い直す契機ともなりうる。

> 「ある対話のあり方を反省するためには、このように異なる共同体に属する声が必要なのです。二つの共同体が、私の中で出会います。つまり、私自身が、二つの世界をつなぐ水路となるのです。」
>
> (Gergen 1999＝2004:95)

　このようにして、共同体の中に〈外在化〉された問いに答えるべく関連する共同体間で交わされる対話を通して、これまでの共同体の持つ「社会的意味（meaning）」とは違った新たな「meaning」が創造されていく。つまり、「協同による学習」と「拡張による学習」における対話は、ともに〈学習Ⅱ〉で取り込まれた共同体の「社会的意味（meaning）」の吟味と「新たなmeaning」の構築へと向かっている。

(2)「クリティカルな学習」と「ナラティヴによる学習」
###　　における対話──「新たなsense」の構築

　これに対し、「クリティカルな学習」で交わされる対話は、一般的価値として個人が取り込んだ「社会的意味（meaning）」を自己の「個人的意味（sense）」と対置し、「意識化」することによって自身の「感覚」から「異化」する役割を持つ。それは「批判的にものごとを捉え、単に与えられた『真実』を鵜呑みにするのではなく、自分の未来を自分で切り開いていく力を生徒に持たせようとする実践」（Gergen 1999＝2004:267）としての対話である。この対話を通じて我々は、個人を世界のコンテクストとの関連の中で捉えることができるようになる。先ほどの問い「私はなぜこのように考えてきたのか」は、自らを支配しようとするコンテクストとの関係の中で捉えなおされて、「私・彼／彼女をこのように考えさせてきたものはなにか」いう問いへと変わる。この問いは一見理解しがたいように思われる他者の行動を、他者が生きたコンテクストに関連付けて考えることによって、自分もまた同じ状況におかれたならば同

71

第一部　変容をもたらす〈学習〉——対話による意味の創出

じように思考し、行動したかもしれないという置換の想像力を学習者にもたらす。経済的な貧困、厳しい生活状況、いわれのない差別や戦争、病気、あるいは家庭内の不和に至るまで、個人がおかれている状況は所与として与えられたさまざまな要素に満ちている。個人をその所与としてのコンテクストの中で捉えること、それは、時にそのような状況を生きた他者への尊敬やいたわりの感情をもたらすことができる。

　そして、「ナラティヴによる学習」は先ほどの問いの形に従うなら「私は私をどのように考えてきたのか」を問う学習である。それは、他者という同行者を得て過去の自己へと体験を問い直す旅としての対話を必要としていた。この同行者を伴った旅の体験は、過去の私が「主体として」見てきた世界を「客体として」今の私の視点から照らし出す。そのとき、私たちはしばしば、過去の自己が私に捕らわれるあまりに、見えていたはずなのに見てこなかった世界を、再び今までとは異なる視点で見出すことになる。それは典型的には、親や兄弟といった過去の私にとって関係の深い他者の視点から私自身の世界を問い直す過程となるだろう。過去の私が生き、見てきた私の「世界」は両親にとってはどのような意味を持つ「世界」だったのか、両親にとって私はどのように見えていたのだろうか。それは私にとって最も身近な存在である他者—親、兄弟、家族—との新たな出会い直し、語り直しの過程となる。そして同時に、所与として私に与えられた全てのものと出会い直し、関係を結び直す旅ともなりうる。このように、「クリティカルな学習」と「ナラティヴな学習」はともに〈学習Ⅱ〉で取り込まれた「個人的意味（sense）」を問い直し、「新たなsense」を作っていこうとする学習である。

　以上に述べてきたように、四つの学習は、共同体の「社会的意味（meaning）」の吟味と「新たなmeaning」の構築、及び、「個人的意味（sense）」の問い直しと「新たなsense」の構築という方向性を持ちつつ、それぞれが少しずつ重なり合い関連しあい、コンテクストの変容をもたらす学習の枠組みを形作る。「なぜあなたはこのように考えることができるのか」という他者の異質性への気づきによって生じた問いは、共同体の中で「私たちはなぜこのように考えてきたのか」という私たち

の課題として共同体に外在化され、世界との関係性におかれることで「私たちをこのように考えさせてきたものはなにか」という問いとなって意識化される。そして、私とともに「語り—聴く」他者との関係の中で、「私は私をどのように考えてきたのか」を深く問い直す学習となる。（図4）

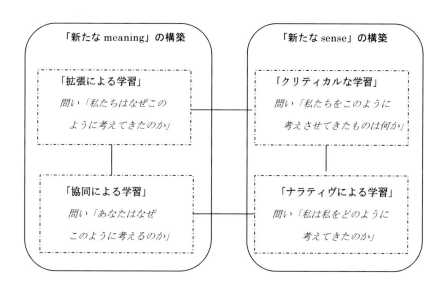

図4 学習における「問い」の連関

 もちろんこれらの学習は必ずしも今述べたような順序に従って構成されなければならないというものではないし、それぞれの学習が独立して行われることもありうる。というよりもむしろこの図4は、実際の学習実践をこの学習の関係図の中に位置づけてみることで、さらに実践を四つの方向に拡張させる可能性を示す図として捉えられるべきである。

第二節　対話における意味の創出
　——「新たなmeaning」と「新たなsense」

1．〈学習〉の三階型と創出される意味

　第一節でも述べたように、本稿で示した学習論は互いに互いを補完しあいつつ〈学習Ⅲ〉への学びを準備している。そして、それらの学習がいつも決まった順序で構成されているわけではないことは上記に述べたとおりである。しかし、これを各学習で交わされる対話が生み出す意味に注目して考察するならば、そこには一定の方向性が見出されるのではないか。

　第二章第一節で述べたように、ヴィゴツキーは言葉に関する「科学的概念（meaning）」と、「自然発生的概念（sense）」は互いに関連し、往還しながら発達していくものであると考えていた。ヴィゴツキーの言う、senseからmeaningへの展開にベイトソンの〈学習〉概念を組み合わせてみよう（図5）。私たちが何かを学ぶとき、まず、〈学習Ⅰ〉で物事に関する知識が伝達を通じて獲得される。獲得された知識は自己の中に取り込まれて「個人的意味（sense）」を形作る。そして自己とは異なる他者との対話を通じて、一般化可能な「社会的意味（meaning）」へと理

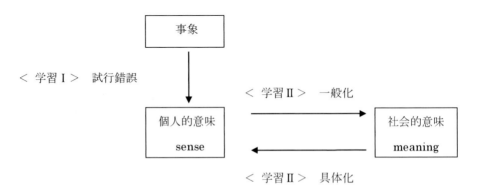

図5　学習階型における意味の連関

第三章 〈学習Ⅲ〉へと向かう対話——創出される意味の連関

論化される（学習Ⅱ；一般化）。そして体系化された物事に対する認識である「科学的概念（meaning）」によって、自分の中の「自然発生的概念（sense）」を具体的に問い直すことで、世界を真に理解することができるようになる（学習Ⅱ；具体化）。

さらに、この図5に、上記の四つの学習における対話が目指していた方向性を書き加えてみる（図6）。 上述してきたように、「協同による学習」での〈共同体内の対話〉及び「拡張による学習」での〈共同体間の対話〉は、それぞれ「協同の知識構築」や「新たな活動システム」の獲得という共同体としてのmeaningを獲得しながらすすめられていた。逆に、「クリティカルな学習」及び「ナラティヴによる学習」における〈社会との対話〉及び〈過去との対話〉は、ともに「新たな私」という個人のsenseの構築に向けられている。

このように、第二章で述べた四つの学習は、ともに「新たなmeaning」と「新たなsense」を獲得するための学習である。そして、

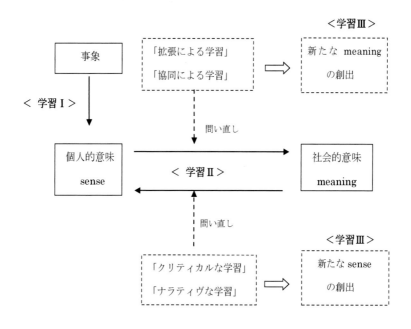

図6 〈学習〉の三階型と創出される意味

第一部 変容をもたらす〈学習〉——対話による意味の創出

もちろんその学習の間に優劣はない。しかし、これらの学習をその中で交わされる対話の方向性において検討したときには、まず目指されるべきはともに「新たなmeaning」を形作る学習ではないか。その理由を以下に見てみる。

2.「新たなmeaning」の獲得へ向けた対話

「協同による学習」及び「拡張による学習」の中で交わされていた「共同体内の対話」「共同体間の対話」はまず、他者との出会いから始まる。他者との出会いは、「私」をヴィゴツキーの言う「述語主義」（Выготский 1934＝2001:412）の世界から私たちを外界へと連れ出す。「述語主義」とは、同じ物語を共有している人々によって交わされるような、互いの理解をベースにした「内部的方言」（Выготский 1934＝2001:420）による対話の世界であって、このような関係の人々の間では主語やそれに関係する語を省略しても充分に対話が成立する[22]。しかし、他者との間の対話は、まず互いの物語／コンテクストを説明し理解することからはじめなければならない。それ故に他者との対話は時に、対話を続けることの困難さからくる苛立ちを招くこともある。その苛立ちを避けて「人それぞれ」という分かりあえなさの境地に陥るのではなく、対話を通して互いに共通性を見出して行こうとする対話がここでいう「共同体内の対話」であり、「共同体間の対話」である。そして、この共通性、類似性を見出して行こうとする努力は人々をより高次の概念の形成へと導く。ヴィゴツキーは「類似性」を発見することは「相違性」を発見することよりも難しいと述べている。

> 「類似の自覚は、その関係が存在する諸現象を包括する初歩的一般化あるいは概念を要求する」 （Выготский 1934＝2001:254）

22　例えばヴィゴツキーは、停留所で電車を待っているという状況を共有している人々の間では「来た」という述語だけで対話が成立することを例としてあげている。そして、この述語による対話は家族や恋人、友人といった身近な他者の間では日常的に交わされる対話である。

第三章 〈学習Ⅲ〉へと向かう対話 ——創出される意味の連関

　このようにして導き出された「私」と「他者」との間の類似性、共通性は、社会的な共同体を形成する上で必要な個を超えた「同一性」（新たなmeaning）の認識をもたらす。それは、人々が家族や身近な友人と構築してきた、述語主義で通用する親密な共同体の「一体性」とは質が異なっている。

　この点を更に深く理解するために、ハンナ・アーレント（Arendt, H. 1906-1975）が参考になる。アーレントは、「学校」の持つ役割をこの「社会性にもとづく同一性」としての性格においている。アーレントによると、学校とは子どもを公的領域である共通世界に導くための制度であり、「家族から世界への移動を少しでも可能にするために、我々が家庭の私的領域と世界の間に挿入した制度」（Arendt 1968＝1994:254）である。そして、この社会的領域の共同体はその基本的性格を共同体の「同一性」においている。

　　　　「……社会的領域は、一定の共同体の成員をすべて、平等に、かつ平
　　　　等の力で、抱擁し、統制する……」　　　　　　　（Arendt 1958＝1994:64）

　アーレントがここで言うように、学校の社会的領域の共同体としての役割は、まず、すべての子どもを「同一性」という立場から、保護し、安全を与え、「同一性にもとづく平等」を保障することである。そのために規則が作られ、従うべき規範が示される。そして、それは学校の重要な機能である。

　　　　「子供がまだ世界を知らないならば、彼は徐々に世界に導かれねばな
　　　　らない。子供が新参であるならば、この新しいものが現にある社会に
　　　　照らしてその真価を発揮できるように配慮されねばならない。」
　　　　　　　　　　　　　　　　　　　　　　　　　　（Arendt 1968＝1994:254）

　子どもは成長し発達するために、家族などの親密な世界以外で、共通性を持った相手と自由に自己を語る世界を必要とする。それは日本にやってきて間もない「渡日」生たちに、安心して母語で語れる場所を保

77

第一部　変容をもたらす〈学習〉——対話による意味の創出

障することが必要なのと同じである。学校の持つこの「同一性」の機能
は、共同体を構成する上で軽視されてはならないだろう。

> 「学校が公共性を持つのも、そこにおいて子どもが他所では『語るこ
> とができない』ことを語りだすことによってである。……恐れを持た
> ずに自己を開陳できる場となっているかどうかだけが、学校の公共性
> を判断する基準である。」
>
> 　　　　　　　　　　　　　　　　　　　　　　　　（石戸　2003:20）

　上記の「協同による学習」及び「拡張による学習」において交わされ
る「共同体内の対話」、「共同体間の対話」とは、そのような個々の異質
性、小さな共同体の異質性を排除することなく、それらを組み込んで新
たな共同体を作り上げていく過程としての対話であり、そのような対話
を通して子どもたちはまず「恐れを持たずに自己を開陳できる」経験を
積むことができるのではないか。とすれば、学習における対話の方向性
としてはまず、この共同体のmeaningの構築に向けた対話が目指され
るべきではないだろうか。

3.「新たなsense」の獲得へ向けた対話

　一方アーレントが「社会的領域」を「抱擁し、統制する」場として表
現したように、この同一性にもとづく平等は、共同体内の人々を画一的
に支配する機能を併せ持つ。それは学校のもう一つの側面、規範や規則
の押し付けとなって現れてくる。また、「同一性による平等」の意識は、
一等や二等といった等級を付けることはふさわしくないのでリレー競走
を廃止するといった配慮となって現れたり、逆に生活状況や言語習得状
況など個人の事情を考慮することは評価に偏りが出るので得点（等級）
のみにもとづいて個人を評価するといった公平さが追及されたりするこ

第三章　〈学習Ⅲ〉へと向かう対話 ——創出される意味の連関

とにつながる。このことは、アーレントがリトルロック事件を受けて[23]、社会的領域における平等が、人間個人や集団の多様性を侵害する画一的平等となる可能性を指摘し批判したのと同じ意味を持つ。つまり、そこには同一性による画一的支配が存在している。

　では、この同一性に対して学習が保障するべき個人の「異質性」とは何か。その答えが、「クリティカルな学習」及び「ナラティヴによる学習」の中で「社会との対話」「過去との対話」を通じて紡がれていく新しいsenseである。それは、共同体との関わりを断った個人の趣味や嗜好にもとづいて選択される「個性」としてのsenseとは異なっている。但し、この学習には留意しなければいけない危険性も存在する。例えば、ガーゲンは、クリティカルであることが「自己流の真実」を主張したり、「新たな権力を付与する」したりする可能性を指摘している（Gergen 1999=2004:268）。それはさまざまな意味が混在している現実を均一のものとして捉えてしまうことへの警告であり、例えば生活綴り方が目指した「『眼』の工作」は、「貧困」という視点からすべてを解釈しようとしていたのではないかという問いにも通じる。「批判的教育」実践によって、社会を支配するドミナントストーリーを批判し、それと対置し得るカウンターナラティヴを形成していくことは、確かに解放された語りに向けての重要な一歩である。しかし、もしカウンターナラティヴの形成が、その位置にとどまり、支配的言説に対抗する共同体の

23　1954年当時、アーカンソー州及び南部21州とワシントン特別区では法律によって白人と黒人の分離教育が定められていた。この分離教育は「分離すれども平等に」という判例法理で合憲とされていた。ところが、1954年連邦最高裁はそれまでの法理を変更し、この州法が違憲であると宣言した。更にその翌年人種別学の撤廃を求める判決を下した。この判断は「分離された教育施設は本質的に不平等である」との原則に基づくものであった。このブラウン判決を受けて、アーカンソー州リトル・ロック市教育委員会が黒人・白人の分離教育の撤廃を立案。1957年2000人の白人生徒のいる中央高校に9名の黒人が入学した。ところがアーカンソー州知事フォーバスが同年9月州兵を動員して中央高校への黒人生徒の登校を実力阻止。結局アイゼンハワー大統領が連邦軍を派遣し、それに守られて黒人生徒の登校が実現した。アーレントはこの事件を本来公的（政治的）領域で解決すべき「平等」の問題を学校という社会的領域で解決しようとしていると批判した。

79

第一部　変容をもたらす〈学習〉——対話による意味の創出

モデルストーリーへと回収されてしまうなら、結局人々の語りは他者によって規定され支配された語りになってしまうだろう。

　このことは「ナラティヴによる学習」で述べたような「生い立ちの語り」を振り返る上でも重要な問題を提起する。それは「生い立ちの語り」実践に持ち込まれがちであった「個人」と「社会」、「差別する側」と「される側」という二項対立への捕らわれが、ときに問題を個人に還元し、語りの様式を規定することで「逆方向から個人を束縛するもの」になっていなかったかという問いである。自己の形成と変容は、「個人」対「社会」というように二項対立の中で、どちらかの要因に帰せられるようなものではない。我々は常に他者との対話において、他者の持つコンテクスト、社会の持つコンテクストに向きあいながら、自己を形づくっていく。

　アーレントは「私たちが誰であるか」は「私たちが何であるか」と鋭く対立するという。

> 「言論者であり行為者である人間は、たしかに、その『正体』をはっきりと示すし、それは誰の目にも明らかなものである。ところが、それは奇妙にも触れてみることのできないもので、それを明瞭な言葉で表現しようとしても、そういう努力はすべて打ち砕かれてしまう。その人が『だれ』（who）であるかを述べようとする途端、私たちは、語彙そのものによって、彼が『なに』（what）であるかを述べる方向に迷い込んでしまうのである。つまり、その人が他の同じような人と必ず共通に持っている特質の描写にもつれこんでしまい、タイプとか、あるいは古い意味の『性格』の描写を初めてしまう。その結果、その人の特殊な唯一性は私たちからするりと逃げてしまう」
>
> （Arendt 1958＝1994:294-295）

　私たちが「何であるか」は常に他者によって規定され、名詞化され、私たちに所与として提供される。しかし、今ここにいる私をどのように「なに」（what）という名詞で定義しようとしても、定義しきれないものが「私」の中にはある。この「種の無名性」（Arendt 1958＝1994:294）か

第三章　〈学習Ⅲ〉へと向かう対話 ——創出される意味の連関

らの引き離し、それが、私が「誰か」を物語る。「在日」性「ユダヤ」性を押し付けてくる社会と他者に対して、またそれぞれの「個」に与えられた所与（性別、病気……）に対して、私自身が向き合い、格闘し、つかみ取った位置、それが「私が誰であるか」を指し示す。

　アーレントのいう「何」性からの解放としての私たちの闘いは、私を形作る過去から「私」を取り戻す闘いとしても語ることができる。そして、「ナラティヴによる学習」は、私自身が過去との捕らわれと格闘し、与えられた「何である私」から「誰である私」を取り戻すための学習として行われる。個人のかけがえのない「誰」性（新たなsense）は、与えられた「所与」といかに「対話」を交わし、それと対抗し、引き受けてきたかということの中に現れてくる。

　以上、第一部では、先行する諸学習論をベイトソンの学習階型論の枠組みを用いて、四つの学習概念に整理し、その上でそれらの学習概念の連関を考察してみた。そのことによって、これら〈学習Ⅲ〉へ向けた学習が、共同体としてのmeaningをベースとしながら、所与と対峙して生み出される個としてのsenseを獲得していく方向性を持つことを述べた。だが、第一部で見てきたような「他者としての世界」との向き合い方の変容という意味での〈学習〉が実際に一個人の生涯に生じたとき、〈学習Ⅱ〉から〈学習Ⅲ〉へ至るプロセスはどのように進行するのか、また、〈学習Ⅲ〉が個人の上に生じたときにはどのような学習となりうるのかについては言及できていない。ベイトソンの学習階型論は、第一部で示したようにガーゲンやエンゲストロームをはじめ、様々な学習論において枠組みとして使用されているが、その中で実際に〈学習Ⅲ〉が指し示す学習の具体相が論述されているものはない。そこで、第二部では個人の生涯の上に生じる〈学習Ⅱ〉から〈学習Ⅲ〉へ至るプロセスを考察し、〈学習Ⅲ〉とはどのような学習であるのかをそこで生じてくる言葉の働きに焦点づけて明らかにしたい。

81

第二部　生涯にわたる〈学習〉と〈言葉〉の諸相
――自己と「他者としての世界」との挟間で

　　第一部を受けて第二部では、第一部で述べてきたような変容をもたらす〈学習〉が実際に一個人の生涯に生じたときの、〈学習Ⅱ〉から〈学習Ⅲ〉へ至るプロセスを考察し、〈学習Ⅲ〉とはどのような学習であるのかを明らかにする。そのとき、「世界」を認識するための言葉の働きに注目し、〈学習Ⅱ〉から〈学習Ⅲ〉へのジャンプにおいて言葉が既存の日常世界を認識するための概念の言葉であることを超え、井筒の言う「無分節」（井筒 1991）の〈言葉〉となっていくありさまを、「詩的言語」（井筒 1991:51-52 傍点原著）としての短歌及び俳諧の中に見ていく。

第二部　生涯にわたる〈学習〉と〈言葉〉の諸相——自己と「他者としての世界」との狭間で

　人間の生涯にわたる学習という概念は1965年にパリ・ユネスコで開催された成人教育推進国際委員会においてポール・ラングラン（Lengrand, P. 1910-2003）によって提出された。ラングランによれば、生涯教育は「個人の生まれてから死ぬまでの生涯にわたる教育（ライフタイム）」と「個人及び社会全体の教育（ライフワイド）」の統合にある。ここでラングランは生涯教育の意義を、一生涯を通じて個人が得る教育機会という縦軸と、社会から与えられる様々な段階の教育機会（家庭、地域、学校、職場など）としての横軸との統合を行うことだと述べている。このラングランの思想は日本にも導入され、昭和56年の中央教育審議会答申「生涯教育について」でとりあげられ、生涯にわたる主体的な学習活動を保障するための社会の様々な教育機能を総合的に整備・充実することが検討され、構想されてきた。

　しかし、このラングランの理論に対しては、「誰もが自らのリズムに合わせて生涯にわたり、うちに持つ能力を最大限に発展させ、それを発揮できる」といった「社会への寄与」「目指す社会への実現」がヴィジョンとして持たれているという指摘（山崎 2014）がある。また、生涯学習論自身が産業社会における他律的教育サービス機関としての学校教育の拡大と分配という学校化の文脈でしか論じられないという限界を有しており、「今や、生涯教育の時代に向けて、社会の学校化＝管理社会化が促進される事態はますます不可避となりつつある」という赤尾の指摘（赤尾 1985:149-172）もある。　つまり生涯学習が当該社会からの要請としての学習であって、個人にとっての意味形成を問う学習ではないという指摘である。これらに対し、当該社会が要請する学習の意味の問い直しや、個人にとっての意味を問い直す研究が、フレイレの「意識化」理論や、「フェミニズム」理論から出されている。と同時に、これまでの学習概念が持っていた「右肩上がりの発達」概念についても「より高次の望ましい安定した段階や局面に至るという結論」を持った「生涯発達」概念に対する疑義も提出されている（赤尾 2004:133）。赤尾は、これまでの「生涯発達研究」と、新しく提出されているこれらの研究との違いに関して、次のように述べている。

「こうした分析と、これまで支配的であった生涯発達研究との違いは、変容というものをなにか成熟した状態（stage of maturity）へ移動するものとしてはとらえないということである。それは単に変化を意味するのであって、改善（inprovement）を意味するのではない。さらに、変化の規則性（regularity）や予言可能性（predicability）に関する前提を持たず、ただ人間のアイデンティティは変化に開かれ、日々の生活での言説を通して、他者との共同体の存在に従属していくのである。」

(赤尾 2004:135)

　このような赤尾のいう「生涯発達」としての学習観への指摘を受けて、第二部では、個人にとっての生涯にわたる〈学習〉のプロセスをベイトソンの学習の三階型と照らし合わせながら捉え返してみる。

　第一部第一章で示したように、ベイトソンは〈学習Ⅲ〉への移行は〈学習Ⅱ〉からのジャンプを伴うと述べていた。それは、学習者と自己を取り巻く世界との断絶を契機として生じる。〈学習Ⅲ〉はその意味で、自己を取り巻く世界からの分離と独立を目標とする西洋的な一直線の発達概念では納まりきれない学習であるが、これまでこの〈学習Ⅲ〉の指し示す学習の具体相については論述されてこなかった。そこで、この学習の概念とそこへ至るプロセスを明らかにするために、第二部では、教育学者の西平直が井筒俊彦の概念を基として構想した「東洋思想と発達研究をつなぐチャート」（西平 2001）を手掛かりとして用いる。また、そこで生じてくる言葉は、既存の日常世界を認識するための「概念」の言葉であることを超え、井筒の言う「無分節」（井筒 1991）の〈言葉〉とならざるを得ない。その「無分節」の〈言葉〉を本稿では「詩的言語」としての俳諧の中に捉えた。井筒は、「詩的言語」を「現実の経験の世界に生々と現前するものを、その時その場ただ一回かぎりの個的な事象として、あるがままのその純粋な原初性において」捉えることのできる「日常言語よりも一段高次の」言語と規定している（井筒 1991:51-52）。日常言語と対置されるこのような「詩的言語」という言葉の可能性は、例えばリクール（Ricoeur, P.）やロシア・フォルマリズムの中です

第二部　生涯にわたる〈学習〉と〈言葉〉の諸相——自己と「他者としての世界」との狭間で

でにのべられているが、人間形成の上で、詩や短歌、俳諧の言葉の持つこの異化としての力については従来の国語教育の中ではほとんど触れられて来なかった[25]。そこで第二部では、このような言葉の次元をも視野に入れて、言葉の学習が人間形成上に持つ意味を共に明らかにしたい[26]。

　すなわち第二部の目的は、個人の生涯の上に生じる〈学習Ⅱ〉から〈学習Ⅲ〉へ至るプロセスを捉えること、〈学習Ⅲ〉とはどのような学習かを明らかにすること、その中で生じる言葉の位相を考察すること、の三つとなる。そのためにまず、第四章では、ともに「個」としてのsenseの構築に関わる学習である「クリティカルな学習」と「ナラティヴな学習」の両側面を併せ持つメジローの「自己変容学習」をとりあげる。そして、これを生涯にわたるアイデンティティ獲得の課題と関連付けながら、自／他を分離する理性の〈言葉〉の獲得のための〈学習Ⅱ〉の変容として捉え直す。第五章では斎藤茂吉の『赤光』をとりあげ、いったん獲得された言葉が、応答不可能な他者との間の断絶の中で無力化するありさまを〈学習Ⅱ〉の破綻として位置づけ、分かり合えない事態という「ことへの観入」としての茂吉の短歌とともに考察していく。さらに第六章では〈学習Ⅱ〉の破綻によりいったん獲得した言葉が崩壊した後に井筒俊彦のいう「無分節」から生まれ出る言葉を、松尾芭蕉の俳諧によって考察し、〈学習Ⅲ〉で生じる学習とは何かについて検討す

24　櫻井一成（2011）「リクールの解釈学—詩的言語から企投としての自己理解へ—」『美学』(62) 1-12頁, 貝沢哉（2011）「詩的言語における身体の問題—ロシア・フォルマリズムの詩学をめぐって」『スラヴ研究』(58), 1-28頁などを参照。

25　文部科学省の「学習指導要領」の中でも「物語や詩歌などを読んだり、書き換えたり、演じたりすることを通して、言語文化に親しむ態度を育成することを重視する。また、認識や思考及び伝え合いなどにおいて果たす言語の役割や、相手に合わせた言葉の使い方や方言など、言語の多様な働きについての理解を重視する」（平成20年6月）といった指示しかない。

26　（田中（2011）は、しかし、歌人である森井マスミが、秋葉原無差別殺人事件などの容疑者が「自らの行動を因果づけることば」を社会から与えられていなかったとの認識のもとに「生の葛藤」を言語化する詩型としてあえて、短歌を選び取ったことについて触れ、短歌が持つ「言葉」の力を再考している（田中 2011:57-67）。

る。ベイトソンは〈学習Ⅲ〉を「個人的アイデンティティがすべての関
係プロセスの中へ溶出した世界」（Bateson 1972=1987:436）と述べる。こ
のベイトソンの〈学習Ⅲ〉の概念は、井筒の「無分節」の概念と響き
あっている。そこで、教育学者の西平直が井筒俊彦の概念を基として構
想した「東洋思想と発達研究をつなぐチャート」（西平 2001）を手掛か
りとして用いながら、〈学習Ⅲ〉の具体相について考察する。

第二部　生涯にわたる〈学習〉と〈言葉〉の諸相——自己と「他者としての世界」との狭間で

第四章　理性の〈言葉〉

—〈学習Ⅱの省察〉— 自／他の分離

　J.メジロー（Mezirow, J.）は学習者が自らの経験にどのような意味を付与するかに注目し、子ども時代に無批判、無意識にとり込んだ規範的信念体系を批判的省察によって問い直すことを通して、学習者自身が世界をみる視点を変容していく「自己変容学習」の理論を提唱している。このメジローの学習論は、幼少年期の価値観の意識化と、自己を取り巻く他者との関わりの意識化という点でE.H.エリクソンのいう「青年期」の課題としてのアイデンティティの概念と関連を持つ。またこの学習論は、第一部の〈学習〉の分類に従えば、〈学習Ⅱ〉において言葉とともに取り入れた当該社会の慣習や価値観を意識化する「クリティカルな学習」としての側面と、過去に親や役割モデルを通して取り入れた道徳的判断や社会的価値観を、現在の自己の視点から問い直す「ナラティヴな学習」の側面を合わせ持っている。そこで本章では、このメジローの「自己変容学習」をとりあげ、人間の生涯にわたる学習の中で〈学習Ⅱ〉への省察が果たす役割と、その中で「個」としてのsenseの構築がどのように位置づけられるのかを、自己と「他者としての世界」との向き合い方を鍵概念として検討していく。

　そのためにまず第一節では、メジローの自己変容学習論をエリクソンのアイデンティティ論との関わりにおいて考察する。次に第二節では、メジローの自己変容学習論が「個」を他者・社会・過去からいったん分離し、既存の価値観の省察を通して、新しい自己の獲得を目指して行く自／他の分離・独立といった学習となることを論証する。さらに、第三節では、メジローの自己変容学習論における「理性的対話」の言葉が、幼少期に言葉の習得とともに獲得した社会のコンテクストとしての〈学習Ⅱ〉への省察をもたらすものであることを論証する。

第四章　理性の〈言葉〉─〈学習Ⅱの省察〉─自／他の分離

第一節　アイデンティティの確立と
メジローの自己変容学習論

　メジローの自己変容学習論は彼がそれを1978年にコロンビア大学で発表して以来、数多くの研究論文や博士論文で取り上げられ、その理論に関する更なる研究や実践への応用が論じられている。今やそれは修正や他の理論との合体を続けつつ、成人学習の実践における新たな展開に大きな影響を与えているということができる。メジローの自己変容学習論の中身とそれが成人教育にもたらした意義については、永井（1989）や常葉-布施（2004a、2004b）などの先行研究に詳しい。もっともこの学習論には、「対話的理性」による変容のプロセスへの批判に関する指摘（永井 1991:332）、（常葉-布施 2004 a: 85-97、2004 b:1）やベイトソンの〈学習〉との共通点や差異に関する指摘（安川 2009）、さらには社会的文脈への視点の弱さに関する指摘（松本 2006）など、いくつかの議論や批判も存在する。また、現在、日本で発表されているメジローを扱った論文の領域は、科学、経営、福祉、看護、国際理解、教師教育、生涯教育と幅広い。このことからも、メジローの自己変容学習論が、成人にかかわる様々な領域で展開されていることがわかる。その中には高校生（岸 2009）や大学生（河合 2012）を対象にした青年期における「自己変容学習」の適用の事例もある。ただ、それらの事例はボランティアに参加することの意義を検証する目的であったり、異文化理解にかかわってのメディア活用の利点を検証する目的であったりと、本章で扱おうとしている、アイデンティティ形成に関わる認識変容としてのメジローの学習論の適用とは目的や趣旨が異なっている。そこで、第一節ではメジローのいう批判的省察に基づく「自己変容学習論」をエリクソンのアイデンティティ形成と関連付けて考察する。

1．メジローの自己変容学習論

(1)「意味スキーム」と「意味パースペクティブ」
　メジローは自己変容学習の意義を次のように解説している。

89

第二部　生涯にわたる〈学習〉と〈言葉〉の諸相——自己と「他者としての世界」との狭間で

　　「成人の学習がもたらす決定的に重要な働きの一つは、学習過程を通
　　じて幼少年期に無批判に受け入れ同化した文化的および心理的前提が
　　意識にもたらされて、成人の生活においてのそれらの諸前提の妥当性
　　が批判的に吟味されることである」　　　　　　（Mezirow 1989＝1999:127）

　メジロー はこの「幼少年期に無批判に受け入れ同化した文化的およ
び心理的前提」を「意味パースペクティブ（meaning perspective）」と
呼び、「獲得された意味が無意識に、自覚なしに作動して、個人が何を
見るかそしてそれをどのように見るかを規定する」と述べる（Mezirow
1989＝1999:129）。人間は成長する中で、親や役割モデルから、言葉、ま
たは言葉と同様の働きをする身振り、表情、態度を学ぶ。そのとき、言
葉と共に親や役割モデルのもつ道徳的判断や社会的価値観、また当該
社会の制度や慣習も同時に個人の中に取り込まれる。そしてこれらが
個人の、知識及び態度に関わる「意味スキーム」を形成する。「意味ス
キーム」は対象や事象を分類するために人が用いる規則、役割、価値、
社会的期待などの集合体であり、この意味図式が体系化したものが個
人の「意味パースペクティブ」である。例えば、「テストで100点を取
ると親が喜ぶ」という経験を通して、「テストで100点を取ることはよ
いことだ」という「意味スキーム」が形成され、さらにそれらの意味
スキームが集まって、「人生を上手くわたるためには有名大学に入るの
が良い」と言った「意味パースペクティブ」、あるいは「人生には勝ち
組と負け組がある」といった「意味パースペクティブ」が形成される。
「意味パースペクティブ」は個人が自己と世界を認識する際の枠組みと
して機能し、正邪、善悪、美醜、真偽、適不適を判断する基準を提供す
る。そして、成人の学習の目的とは、この「幼少年期に無批判に獲得し
た意味図式と意味パースペクティブ」を意識に上らせ、それが特定の誰
かの関心や利害に沿って歪められていないかを社会的、文化的、政治的
なコンテクストとの関係で「批判的に分析してその妥当性を検証し、そ
うすることによって行為主体としての自己の理解力と判断力を伸ばす
ことができるようになる」ことだとメジローは言うのである（Mezirow

第四章　理性の〈言葉〉―〈学習IIの省察〉― 自／他の分離

1989=1999:131）。

（2）「対話的学習」

　メジローの変容的な学習の中では、「どのような前提が認識の枠組み
をサポートしているのか」「どこからその知識が獲得されたのか」「問題
を決定するために当然視されている認識の前提とは何か」といった問い
が繰り返される（Mezirow,J.,Taylor,E.W.,& Associates 2009:21）。メジロー
の理論は「女性のカレッジへの再入学プログラムにおける研究」を皮
切りにさまざまな論者との議論の中で徐々に変容・進化してきており、[27]
その理論変遷の道筋からもわかるように、論戦相手との様々な議論の成
果を自己の変容理論の中に組み入れている。しかし、そのもっともベー
スとなる理論はハーバーマスのものであり、メジローは彼の変容理論が
ハーバーマスの道具的行為とコミュニケーション的行為との間の批判的
な区別から大きな影響を受けていることを認めている。ハーバーマスの
道具的行為とは、「認知的・道具的合理性」に基づく行為であり、ここ
では行為者は「目的を設定し実現するために満たさなければならない
条件を分析することだけに問題を限定」する（Habermas 1981=1985:35）。
これに対し、コミュニケーション的行為では、行為者は「対話的理性」
に基づいて「ただ主観的にすぎない考え方を克服でき、共通に理性に動
機づけられた確信を持つことによって、客観的世界の統一性とともにか
れらの生活諸関連の相互主観性」（Habermas 1981=1985:33-34）とを保証
することができるようになる。メジローはこの二つの行為を次のように
規定している。

　　「道具的学習とは環境や他者をコントロールしたりマネージメントし
　　たりパフォーマンスを促進することを含む。信念は科学や数学のよう
　　に、それがそれであると思われている前提が真実かどうかを確認する
　　ために、経験的テストによって妥当化される。対話的な学習は、彼ら

27　Kitchenham A.（2008）"The Evolution of John Mezirow's Transformative
　　Learning Theory" Journal of Transformative Education vol6（2）. pp. 104-
　　123.

91

第二部　生涯にわたる〈学習〉と〈言葉〉の諸相——自己と「他者としての世界」との狭間で

　　　が私たちとコミュニケーションしようとするとき他者が何を意味しよ
　　　うとしているのかの理解を含む。私たちは、対話的学習のために言説
　　　に存在する信念を妥当化したり正当化したりする」

　　　　　　　　　　　　　　　　（Mezirow, J., Taylor, E. W., & Associates 2009:20）

　歪められた、あるいは不完全な「意味スキーム」を基礎づけている
特定の前提は人の言説の中にあらわれてくる。例えば「黒人は白人
よりも二倍良い成績を持って帰ってこなければいけない」という前提
は、個人の経験の語りの中に反映してくるとメジローは言う（Mezirow
1991=2012:201）。なぜその人がそのように考えるのかという、言説の後
ろにあるコンテクスト（意味パースペクティブ）に気付くことが個人に
とっての学習課題であり、同時に「対話的学習」の目的である。人の
言説は「話者にとってそれが何を意味しているのかということと、彼
／彼女がなぜそれを話したのかということに区別される必要」がある
（Mezirow 2003:60）。メジローはこのような対話を支援するときのポイン
トについて次のように述べている。

　　　「・状況から切り離して考える。・自分の信念の歴史、背景（基準、規
　　　範、反応パターン、認知のフィルター）、結果に気づくようになる。・問
　　　題解決の内容やプロセス、およびこのプロセスへの参加方法の内容や
　　　プロセスを評価するさいに、より省察的で批判的になる。・先入観を
　　　『カッコでくくり』、証拠をオープンに検討し、議論を評価する。・よ
　　　り良い推理をし、より適切な一般化をし、より論理的で筋の通った議
　　　論をする。・もっとほかの人びとのものの見方を受け入れる。・心理的
　　　な防衛機能に依存しないようにし、表明された考え方について、合意
　　　ある妥当性を持つ権威を積極的に受け入れる。」

　　　　　　　　　　　　　　　　　　　　　　（Mezirow 1991=2012:297）

　「対話的学習」の目的は語られた言説を通して自己の経験の意味を
解釈することであり、対話は、「オープンマインドで、共感的に聞く
ことを学び、早すぎる判断を保留し、共通のグランドを探し求めよう

第四章　理性の〈言葉〉―〈学習Ⅱの省察〉―自／他の分離

(Mezirow,J.,　Taylor, E. W., & Associates 2009:20)」としている参加者によって行われる。そして、その場で交わされる対話を通して、個人は批判的な自己省察を行い、当然視されてきた事柄を考察し直し、より信頼できる役に立つ判断を作っていくのである。

2．エリクソンのアイデンティティ概念と自己変容学習論

(1) エリクソンのアイデンティティ概念

　以上に述べたようなメジローの自己変容学習論は幼少年期の価値観の意識化と、自己を取り巻く他者との関わりの意識化という点で、エリクソンのいうアイデンティティの概念とも関連を持つ。エリクソンは「〈自分自身の内部の斉一性と連続性（心理学的な意味における《自我》）を維持する能力〉が〈他人にとってその人が持つ意味の斉一性と連続性〉と調和するという確信」を「自我同一性」の感覚（a sense of ego identity）と呼んでいる（Erikson 1959=2011:96）。自我同一性＝アイデンティティとは、「自分とは何者であるか」という問いへの答えであり、複数の「～としての自分」を統合し、秩序づけ組織化した感覚のことである。我々は様々な人との関わりの中で、自分の理想とする人間に対し同一化を行いその人物の考えや思考パターンを取り入れつつ成長してくる。そして、子どもから大人への移行期である青年期は、自我が幼少年期に同一化したこれら多数の同一性の中から、成人した自分にふさわしいもの、自分のものとして肯定しうるものを、あらためて自覚し選択し直す時期である。すなわち、青年期の自我は、生まれ育った環境、その時代・社会が提供する価値、役割、行為、権威の中から自分の自我同一性と適合するものを意識的に選択し、独自の体系化を行なう。この自己選択と、幼児期以来、無意識的に行っていた同一性を如何に統合するかが、青年期の重要課題となるのである。この青年期の課題としての体系化は、メジローの言葉で言えば、身近な他者を通して獲得した「意味スキーム」（生まれ育った環境、その時代・社会が提供する価値、役割、行為、権威など）を、如何にして新たに選択した「意味スキーム」と統合し、新たな「意味パースペクティブ」を獲得していくかという課題に対応している。新たな「意味パースペクティブ」の獲得は、必然的にそれまで

93

第二部　生涯にわたる〈学習〉と〈言葉〉の諸相——自己と「他者としての世界」との狭間で

の「意味パースペクティブ」の変容を前提とする。そのために、この青年期の課題達成は常に「危機」と背中合わせになっている。

　筆者が今までの教員生活の中で関わったある性的マイノリティーの青年は自らの体が第二次性徴期を迎え、どんどん女性らしくなっていくことに戸惑いを感じていた。性同一性に違和を持つ青年にとって、自らの性の自覚は同時にそれまでの「生」との断絶、つまり「不変性」と「連続性」の喪失を意味している。生活世界はもはや自分が認識してきた慣れ親しんだ世界ではなく、住みなれた世界との断絶は時に深い孤独をもたらす。「彼女」は自らの性的志向と現実の身体の変化との間で混乱し、性に関する周囲の何気ない言葉に傷つき、自らの体を傷つけ、時にはわざと異性と交際して、その結果相手を傷つけ、自らも更に傷ついてしまうということを繰り返していた。エリクソンの言葉で言い換えれば「彼女」はこれまでの人生の中で取り込んだ性的マイノリティーに向けられる視線・評価といった観点（意味スキーム）から現在の自分を見ることで「他者に対する自己の意味の不変性と連続性」を見失い、自信を喪失していた。さらに「彼女」は、過去の自分と現在の自分という「内的な不変性と連続性」をも見失っていた。ある時、「彼女」は人を通じて、同じ「性的マイノリティー」の青年と出会う。しかし、その青年は「彼女」がさんざん悩んできたような「性的マイノリティー」としての立場への悩みをほとんど持っていなかった。「彼女」はそのことに驚きつつ、「同じ立場でもいろいろな人がいる」という現実に出会い、自らが生い立ちの中で形成していた性的マイノリティーに対する視点とは異なる視点を持つ「他者」の存在を知り、やがて「彼」として生きることを自己に認めることができるようになっていく。

(2) アイデンティティ概念と自己変容学習

　教育学者である西平（西平 2001:19-20）は、子どもの発達は自我意識を形成していくプロセスであり、自／他の同一化という「未分節状態が言語によって分節」されていくプロセスであると述べている。このプロセスの途中で我々は、自らの生活世界を方向付ける言説と出会い、生活世界を価値づける「意味パースペクティブ」を作り上げる。そして、

第四章　理性の〈言葉〉─〈学習Ⅱの省察〉─ 自／他の分離

前述の「彼」がそうであったように、そのようにして形成された「意味パースペクティブ」の変容は、幼少年期に自分にとっての意味ある「他者」からもたらされた価値観を意識化すること（歴史的自己の意識化）と、自己が現在とらわれている規範の意識化（社会的自己の意識化）の二つの側面を伴う。

　この「歴史的自己の意識化」は第一部第二章でみたように、過去に他者の声を通して取り込み、個人にとって当たり前の事実のように感じられている感覚的意味を、現在の私の視点から再び問い直し、再構築していく学習としての「ナラティヴによる学習」に対応している。また、「社会的自己の意識化」は、私たちの個々の違いを無視して一般的・抽象的な「意味」でひと括りにして私たちを名づけてしまう社会に対し、注意深くクリティカルであろうとする「クリティカルな学習」である。つまりアイデンティティの形成においては「ナラティヴな学習」と「クリティカルな学習」の双方が要求され、メジローの学習はこの双方の学習に対応している。そして、これらの学習はともに、一般的意味が無意識に個人のうちに取り込まれたときに生じる矛盾を、個人の感覚（sense）の側から意識化していく学習として位置づけられていた。その意識化をもたらすのは、これまで獲得していた「意味パースペクティブ」からは見えていなかった「異質な他者」との出会いと「対話」である。とはいえ、青年期における「異質な他者」との出会いは、極端な排除と結びつく傾向がある。エリクソンは、青年期は同一性拡散の感覚に対する必然的な防衛として、自分たちを団結させるために、「徒党や群衆の英雄たちに過剰に同一化する」一方で、「皮膚の色・文化的背景・趣味や才能・グループの内と外を区別するサインとして恣意的に選ばれた服装や身振りなど、全く些細な点において『異なっている』者」を排除することにかけては、「非常に排他的で、不寛容で、残酷になる」ことがあると述べる（Erikson 1959=2011:99）。それゆえに青年期のアイデンティティ達成のためにはハーバーマスのいう自らの所属する文化的価値基準そのものに対して、「反省的態度をとりうる」合理性（Habermas 1981=1985:44）をともなった「対話」、メジローの言葉で言えば「言説に存在する信念を妥当化したり正当化したりする」ための「対話」がアイ

第二部　生涯にわたる〈学習〉と〈言葉〉の諸相——自己と「他者としての世界」との狭間で

デンティティの危機に直面する青年にとっての大切な学習となる。

第二節　自／他の分離・独立としての自己変容学習論

これまでに見てきたように、[成人の学習] として提起されているメジローの自己変容学習論は、青年期のアイデンティティ達成の課題に直面する時期の学習論としても意味を持つ。なぜなら青年期の学習は、理性の働きによって自己の価値観に潜む意味パースペクティブを相対化し、それを通して新しい自己の獲得を目指して行くという方向を持つからである。第二節では、メジローの自己変容学習論が、「個」を他者・社会・過去からいったん分離し、自己の価値観を相対化することを通して、新しい自己の獲得を目指して行く自／他の分離・独立といった学習となることを心理学者のマーシャ（Marcia, J. E.）の「予定アイデンティティ」という生涯におけるアイデンティティ形成の観点からみていく。

1.「アイデンティティ・ステイタス」と青年期の学習

前述のように、メジローの理論は「女性のカレッジへの再入学プログラムにおける研究」を出発点としている。メジローは高校卒業後や休業後に、長い中断の後、カレッジに再入学した女性たちを対象に、再入学プログラムを遅らせたり促進したりする特徴について研究し、それを成人学習としての「自己変容理論」のベースとしている。そして、それは以下に述べるマーシャの「予定アイデンティティ」を生きて、パースペクティブの変容に直面した女性の研究ということができる。

マーシャは青年期のアイデンティティ形成について、エリクソンのアイデンティティ概念をさらに発展させる形で、「危機（crisis）」と、「積極的関与（commitment）」の２つの変数からアイデンティティ・ステイタスの４つの地位（類型）を想定している。すなわち、「①アイデンティティ達成　②モラトリアム　③予定アイデンティティ　④アイデンティティ拡散」の四つのステイタスであり、それぞれの特徴は以下のように記述される。まず、「①アイデンティティ達成」とは、「すでに危機

第四章　理性の〈言葉〉—〈学習Ⅱの省察〉— 自／他の分離

を体験し、自分自身の解決に達してそれに基づいて行動している。他のステイタスに比べて権威的価値観にはあまり同意せず、セルフエスティームもネガティブな情報によって傷つきにくい」という状態であり、「②モラトリアム」とは「危機のさなかにあり、いくつかの選択肢について迷っているところである。親の願望はまだ当人にとって重要であるけれども、それらと社会の要求と彼自身の能力との間に妥協を試みている」状態、さらに「③予定アイデンティティ」とは「危機を体験せず、自分の信念と親の信念の間に齟齬がない。親や他人が望んだとおりの子どもであって、もし親の価値観が通用しないような状況におかれるとひどく混乱することが予想される」といった状態であって、「④アイデンティティ拡散」は「危機を経験しているにせよ、していないにせよ、何らかへのコミットメントを欠いている。職業に関しても日常の役割にあまり計画を持っていず、他に機会があればその選択は容易に放棄されただろうと思われる」状態を指す（Marcia 1966:551-558）。

　岡本（2002）によると、この青年期のアイデンティティステイタスは、「のちの成人期の生き方」に深い関連性が見られ、「特に女性のモラトリアム型は、のちの人生行路の困難さ、生きにくさを示唆している」という（岡本 2002:23-26）。とはいえ、研究調査対象の半数は中年期において他のステイタスへ変化していることも分かっており、「必ずしも多くの人々が青年期にアイデンティティ達成というステイタスを獲得し、それがそのまま成人期に維持されていくとは限らない」とも述べている。このことは、アイデンティティ形成という学習が生涯にわたって継続することを示唆するものであり、それに伴って、青年期の学習も「生涯にわたる学習」という概念の中で捉えなおされなければならないことを意味している。

　メジローの学習論はこのうちの「予定アイデンティティ」を生きた結果、人生の「混乱的ジレンマ」に立ち至った成人の女性を対象としたものであり、それまでの学校教育における教科中心の、社会化を目的とした、しかも受け身的な学習者を想定した認知的・道具的な学習に対する反意としての「成人教育論」として意義深い。また、前述のように、青年期にアイデンティティの危機を迎え、「意味パースペクティブ」の変

第二部　生涯にわたる〈学習〉と〈言葉〉の諸相——自己と「他者としての世界」との狭間で

容を迫られる学習者も多く存在することを思えば、このメジローの学習を青年期に適用することも同様に意義深いと言える。そして同時に、メジローの学習論は、現在の道具的学習としての認知中心の教育に、生涯における人間の学習という視点を持ち込み、学校教育における学習の目的を「道具的」なものから「対話的」なものへと変容させていくという意味でも二重に意義深い。なぜなら、岡本が言うように、たとえ、青年期にアイデンティティ達成というステイタスに達したとしても、それがそのまま成人期にも維持されるわけではなく、「人生の岐路に遭遇するごとに、これまでの自己のあり方や生活構造の破綻や破れに直面し、一時的な混乱を経て、再び安定した自己の在り方が形成されていく」という繰り返しのプロセスがアイデンティティ形成にはある（岡本 2002:8-14）。そして、学習をそのように人間の生涯にわたるものとして考えるなら、学習の概念自身が、現在の認知的、道具的概念から対話的なものへと「変容」されていく必要があるからである。

2．青年期における「対話的理性」の持つ意義

　これまでに見てきたように、メジローの自己変容学習論は、青年期のアイデンティティ達成の課題に直面する青年のための学習論としても意義を持つ。ただ、この学習論には前述のようにいくつかの視点からの批判が存在する（Mezirow, J., Taylor, E. W., & Associates 2009:29 永井 1991:332）。批判は、①メジローの研究方法自体に向けられているもの、②学習が個人的な変容にのみ焦点を当てており、社会改革への視点や文脈が欠けているというもの、③パースペクティブ変容に関わる教育者の役割に関するもの、④「対話的理性」を重視しすぎており、感情や無意識の領域による変容を軽視しているというもの、⑤「理性」の重視はアメリカの個人主義を促進するといったもの、に大別することができる。このうち、青年期のアイデンティティ形成に関わる自己変容学習論と関係するのは、③の「教育者の役割」④と⑤の「理性」及び「対話的理性」とに関わる批判である。学習を導く教育者の役割については、教師教育に関する研究（末永 2008:77-86）もあるように指導者ではなく、ともに学習者であることへの変容が求められる。その上で、教育者が学習

第四章　理性の〈言葉〉―〈学習Ⅱの省察〉―自／他の分離

者との二重の役割を担うことの矛盾や、教育者が非意図的に果たしてしまう教化機能や暗黙の操作に関する疑義がある（永井 1991:294）。その点では、すでに「教師―生徒」という権力関係にあるものが、学習に関わるものとして支援者の役割を担うよりは、教師は学習者に「対話の場」を提供することの方に力を注ぐべきだと考えられる。さらに、メジローは、「変容学習」に関わる支援者の役割について、以下のように述べているが、ここに述べられている支援者の役割についても注意を喚起しておきたい。

> 「学習者が意識を集中して、信念、感情、行動の土台となる認識的、社会的、心理的な前提を検討することを支援する。教育者は、学習者がその前提の結果を評価し、代替となる前提のセットを探求すること、省察的な対話に有効に参加することでその前提の妥当性を吟味するのを支援する」
> 　　　　　　　　　　　　　　　　　　　　　　（Mezirow 1991=2012:307）

　ここでは対話を通して学習者に向き合う支援者は常にゆるぎなく一定の信念を持っており、その立場から学習者の語りを分析し判断するかのように見える。メジローの学習の中で、支援者は時に全力をあげて学習者を「理解」しようとし、学習者を苦しみから解き放つために学習者の持つ「歪み」を懸命に正そうとする。しかし、対話の場において、相手の心の中を突き止めることは最重要なことではない。　ガーゲンは他者を「理解」することは相手の心の中にあるものを突き止めようとすることではなく、互いが互いの行為を「補完」しつつ、相手に合わせて互いの行為を「調整」し「調和」させること―共通のダンスを踊ること―であると述べている（Gergen 1999=2004:216-219）。ガーゲンは「対話」においてより重要なことは他者の苦しみや混乱の原因を突き止めることではなく、苦しみ、混乱している他者のリズムに合わせ、時には共に苦しみ混乱することだというのである。「対話」に関わる支援者は、特にこの点に留意しなければならないと思われる。

99

3. 自／他の分離・独立としての学習

　また、メジローの学習の「理性」の重視に関する部分への批判について言えば、次の岡本の研究が参考になる（岡本 2002:46）。岡本は、アイデンティティの発達を「関係性としてのアイデンティティ」と「個としてのアイデンティティ」の二つの方向性を持っていると定義している。「個としてのアイデンティティ」の発達は「積極的な自己実現の達成」という目的を持っており、その特徴は「①分離─個体化の発達、②他者の反応や外的統制によらない自律的行動（力の発揮）、③他者は自己と同等の不可侵の権利を持った存在」といった考え方の獲得に向けられる。一方「関係性に基づくアイデンティティ」発達の方向性は「他者の成長・自己実現への援助」であり、「①愛着と共感の発達　②他者の欲求・願望を感じ取り、その満足をめざす反応的行動（世話・思いやり）③自己と他者は互いの具体的な関係の中に埋没し、拘束され、責任を負う」といった特徴を持つ。そして、メジローの学習は、明らかにこの「個としてのアイデンティティ」発達に対応している。それは「理性」によって、自己の所属していた集団の価値観を厳しく問い直し、個人が幼年期に取り込んだ前提を意識的に相対化し、分析し、「分離─個体化の発達」「他者の反応や外的統制によらない自律的行動」を目指す。そして、そのことによって目の前に立ち現れる「他者」の異質性を認め、その「他者」の視点から自己を見る視点を獲得するのである。「他者」の生のありようはその時初めて自己の生の在りようを問い直すための新たな「意味スキーム」となり得る。

　第一節のエリクソンのアイデンティティ概念の項で述べたような、自己の所属する集団への過剰な同一化と異質な「他者」への不寛容と排除の傾向は、最近ますます顕著になっているように思われる。であればこそ、「対話」の場は、生い立ちやつらい経験を語り合う場であるとともに、その場を「人それぞれ、いろいろな考え方や生き方がある」という認識で終わらせずに、「対話的理性」に基づいてそれぞれの言説の背後に隠れた意味を共同で探っていく場となる必要がある。青年期の学習にメジローの「自己変容論」を適用することの最も大切な意味がそこにあ

第四章　理性の〈言葉〉─〈学習Ⅱの省察〉─自／他の分離

る。

第三節　〈学習Ⅱの省察〉としての理性の〈言葉〉

　さて、では自／他の分離・独立という性格を持つメジローの学習論
は、ベイトソンの学習の三階型との関わりではどのように位置づけるこ
とができるのか、また、そこで獲得されていく言葉とはどのような言葉
なのか、そのことを第三節ではメジローの「対話的理性」に向けられた
批判をもとに検討していく。その上で、J.メジローの自己変容学習論に
おける「対話的理性」の言葉が、幼少期に言葉の習得とともに獲得した
社会のコンテクストとしての〈学習Ⅱの省察〉をもたらす言葉となるこ
とをみていく。

1. 自己変容学習論とベイトソンの学習の三階型

　メジローは、自身の著書にベイトソンの学習論を引用し、さらにベイ
トソンの学習階型論を参考に人間の学習を四つに分類している。もっと
もメジローの学習論がそのままベイトソンの学習階型論と重なるわけで
はなく、例えば、安川（2009）はメジローの学習論は変容のプロセスや
スキルの方に傾いており、ベイトソンの持つ変容の結果へのラディカル
な主張が欠けていると指摘している。また、後述するように、メジロー
の〈学習Ⅱ〉から〈学習Ⅲ〉への移行はベイトソンの言うそれとは異な
る特徴を持っているが、その分析については後に行うこととし、ここで
はメジローが述べているベイトソンの学習階型論を参考にメジローの学
習の分類を見てみる。

　まず、メジローによれば、ベイトソンの「ゼロ学習」とは「新たな事
実を説明するために以前からの習慣的な反応（意味スキーム）を拡げて
いくこと」であり、ここでは「間違うこともできないし、創造性も発揮
できない」（Mezirow 1991=2012 :123）。〈学習Ⅰ〉では、「個人の慣例的な
反応について学ぶ」が、「この段階では自分の意味スキームや意味パー
スペクティブは変化せず、確立された意味スキームや意味パースペク

101

第二部　生涯にわたる〈学習〉と〈言葉〉の諸相——自己と「他者としての世界」との狭間で

ティブのなかで学習を継続している」（Mezirow 1991=2012 :123-124）。つまり〈学習Ⅰ〉は「意味スキームによる学び」であってここには既存の意味スキームや意味パースペクティブを適用した、省察をともなわない行動が含まれる。これがメジローの学習の第一の過程である。〈学習Ⅱ〉では文脈（意味スキーム）についての学びが関わってくる。これは「文化的な同化や文化摂取による学習」である。個人は自己を取り巻く世界と向き合いながら、世界の文脈（意味スキーム）を理解し、自身の中での意味スキームを形作る。ここでメジローが言う意味スキームは、個人の中に取り込まれたものの見方であり、第三章のヴィゴツキーの言葉でいえば「社会的意味（meaning）」から「個人的意味（sense）」を形作るプロセスに当たる。これがメジローの学習の第二の過程である。しかし、「この形態の学習では、意味パースペクティブは、拡大されるとはいえ、基本的な変化はない」（Mezirow 1991=2012:127）。 学習の第三の過程は、「意味スキームの変容による学び」である。ここでは、自らの「意味スキーム」への気づきによって、学習してきた「事実」が新たな意味を持つようになる（Mezirow 1991=2012:123-124）。

> 「『学習Ⅱ』は、意味の省察やプロセスの省察をともなうように解釈される。そのプロセスによって私たちは、意味スキームを変化させるようになる。」
> 　　　　　　　　　　　　　　　　　　　　　（Mezirow 1991=2012:124）

　つまり、メジローによればベイトソンの〈学習Ⅱ〉は、意味スキームの獲得と変容までを含みこんでいる。ただし、この「意味スキーム」の変容は「日常的に起こることであるが、それは必ずしも自己省察をともなうわけではない」（Mezirow 1991=2012:234）。しかし、この「意味スキーム」の変容の結果、変容が「意味スキーム」を形作る世界の認識枠組みそのものに及べば、第四の過程である「意味パースペクティブ」の変容となる。

> 「増大していく変容した意味スキームは、意味パースペクティブの変容にもつながる。」
> 　　　　　　　　　　　　　　　　　　　　　（Mezirow 1991=2012:124）

第四章　理性の〈言葉〉―〈学習Ⅱの省察〉― 自／他の分離

　ここで学習者は「ゆがんだ不完全な意味パースペクティブが土台とする特定の想定を省察し批判することを通して気付くようになり、さらには意味を再構成してパースペクティブを変容」していく。これが〈学習Ⅲ〉である。メジローは、このような「画期的な変容」がよく生じるのは、「古い理解の方法を再定義するように私たちを強いるような人生上の危機に遭遇したとき」（Mezirow 1991=2012:128）であり、そのような事態に遭遇した学習者は、しばしば「混乱的なジレンマ」に陥るが、やがてそれまでの「意味スキーム」の妥当性の検討、検証を経て、「意味パースペクティブと解釈の対象となっている経験との双方の変容」という〈学習Ⅲ〉の段階に至ることになると述べる（Mezirow 1991=2012:10）。このように見ると、メジローの自己変容学習論ではベイトソンの〈学習Ⅱ〉が二段階にわたるものとして捉えられていることがわかる。ベイトソンの〈学習Ⅱ〉は、第一部で見たように「幼年時にさかのぼる」「無意識的な」出来事のまとめ方、世界の見方であった（Bateson 1972=1987:428）。これはメジローで言えば、いくつかの「意味スキーム」から「意味パースペクティブ」を形成する学習といえるだろう。そして、メジローのいう〈学習Ⅱ〉はさらにその先の過去の「意味スキーム」に気付き、「意味スキーム」を変容するところまでを含む。さらに注目したいのは、メジローの学習論では、〈学習Ⅱ〉から〈学習Ⅲ〉への展開は、「意味スキームの変容の増大」による「意味パースペクティブの変容」という連続性を持っていることである。「意味スキーム」の変容は、新しい「意味パースペクティブ」の変容をもたらすこともあるが、それまでの「意味パースペクティブ」との葛藤に圧倒されて「自己欺瞞」（Mezirow 1991=2012:139）をもたらすこともある（ベイトソンの言う「起こるべき学習Ⅲをやりすごす抜け穴」Bateson 1972= 1987:432）。　メジローは「省察的行為への参加が理論的には洞察力をもたらすはずなのだが、それが学習者にはあまりに脅威に感じられ、骨が折れ身動きができなくなってしまう」ようなときには前進するための「情緒的な強さと行動する意思が必要」と考えている（Mezirow 1991=2012:239）。そして、「学習者が、理解の仕方に影響を及ぼす認識的、社会文化的、精神的な

103

力について学んだことを自分の経験の中に統合する」ことができれば、「意味パースペクティブ」が変容する。

　メジローの自己変容学習論はこの第三の過程から第四の過程に焦点づけられており、この第三の過程から第四の過程に向けて、メジローが重視しているのが「対話的理性」である。つまり、自らが向き合う現実とこれまでの自己との間に乖離を感じ始めた学習者が、それまでの「意味スキーム」の存在に気づき（〈学習Ⅱ〉）、さらにはその背後にある前提に気付いて、その前提を理性によって批判的に検討し、「意味パースペクティブ」そのものを変容していくことが変容的な学習であって、この学習の目的は〈学習Ⅲ〉そのものへの移行ではなくて、すでに獲得した〈学習Ⅱ〉を省察することに向けられた「意思的」「理性的」な学びだといえる。

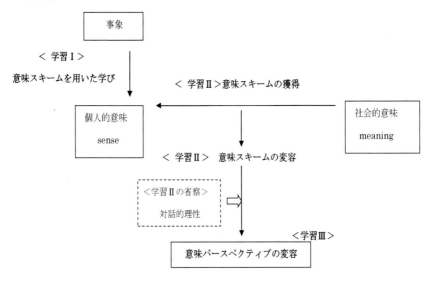

図7　メジローの自己変容学習論と学習階型

2．アイデンティティの形成と〈学習〉

　これを人間の生涯におけるアイデンティティ形成という観点と重ね合わせるなら次のように言うことができるだろう。人の学習はまず乳幼児

第四章　理性の〈言葉〉―〈学習Ⅱの省察〉― 自／他の分離

における刺激に対する反応としての〈ゼロ学習〉からはじまる。続く幼少年期において、学習は、親や役割モデルを通して、言葉、または言葉と同様の働きをする身振り、表情、態度を学ぶという〈学習Ⅰ〉へと移行する。〈学習Ⅰ〉では、言葉と共に親や役割モデルのもつ道徳的判断や社会的価値観、また当該社会の制度や慣習が個人の中に取り込まれ「意味スキーム」を形成する。〈学習Ⅰ〉で獲得した「意味スキーム」は体系化して「意味パースペクティブ」を形成する（〈学習Ⅱ〉）。そして、子どもから大人への移行期である青年期またはそれに続く成人期のアイデンティティ形成時において、〈学習Ⅰ〉で獲得した「意味スキーム」をあらためて確認するという〈学習Ⅱ〉の二段階目が生じる。このとき、「意味スキーム」の確認が〈学習Ⅲ〉としての「意味パースペクティブ」の「変容」を必要とするものとなるかどうかは、当該学習者のアイデンティティ・ステイタスと密接に関連を持つ。自分の信念である「意味スキーム」と、親あるいは身近な他者の信念である「意味スキーム」との間に齟齬がなく、したがって「意味パースペクティブ」の変容を必要としない「予定アイデンティティ」のステイタスにいる場合は、〈学習Ⅱ〉はそれまでの「意味スキーム」を改めて選択し、その背後にある「意味パースペクティブ」を強化する方向に働くと思われる。

　しかし、青年期または成人期にアイデンティティの危機を迎えた学習者にとっては、〈学習Ⅰ〉で獲得した「意味スキーム」の確認という〈学習Ⅱ〉に引き続いて「意味スキーム」の背後の「意味パースペクティブ」を意識に上らせ、それが特定の誰かの関心や利害に沿って歪められていないかを社会的、文化的、政治的なコンテクストとの関係で検証していくメジローの自己変容学習論は大きな意味を持つ。学習者はそれによって、自己を取り巻く世界を「批判的に分析してその妥当性を検証し、そうすることによって行為主体としての自己の理解力と判断力を伸ばすことができるように導かれるのである。」(Mezirow 1991=2012:131)

3．「対話的理性」における〈言葉〉

　〈学習Ⅱ〉の省察プロセス、「学習による意味の変換」という第三及び第四の過程のためにメジローが最も重視するのが、「理性的」な「対話」

105

第二部　生涯にわたる〈学習〉と〈言葉〉の諸相——自己と「他者としての世界」との狭間で

である。

> 「ほかの人びとが定義した社会的現実を受動的に受け入れるのではな
> く、一人ひとりがいろいろな意味、目的、価値観に関して、交渉を通
> じ、批判的で思慮深く、理性的な協議によって取り決めることを学習
> することが、きわめて重要な意味を持っている。」

（Mezirow 1991＝2012:6）

　前述のように、メジローは批判的な省察のために、当然視されてき
た事柄を考察し直し、より信頼できる実験的な役に立つ判断を作って
いくための最重要な方法としてハーバーマスのいう「理性的協議」を
考えている。「理性的協議」は個人が使用する言葉の妥当性に向けられ
る。言葉を学ぶことは「社会的に定義された様々な解釈スキーム」をと
もなっている。例えば、議論を巡る用語には、「戦争」に関わるフレー
ズ（議論に勝つ／議論の弱点を攻撃する）がよく用いられているが、その
ために無意識のうちに勝ち負けという発想を議論に持ち込んでしまう。
（Mezirow 1991＝2012:186-187）　このように、社会的に定義されたスキー
ムは、対話の中で使用される言葉、あるいはその言葉を使った対話に表
れて来る。メジローの学習の中では、これらの言葉を対話を通して妥当
性を検証し、その前提となっている「意味スキーム」を省察していく。
第一部第一章のヴィゴツキーに関する節でも述べてきたように、母親
や身近な保護者との相互交流の中でまず習得された言葉（外言）は、個
人の思考を形づくるための言葉（内言）となる（学習Ⅰ）。このとき社会
的・文化的な「意味スキーム」も内化され、個々の「意味パースペク
ティブ」を形作る（〈学習Ⅱ〉）。内化された言葉は、やがて再び他者との
コミュニケーションの道具としての言葉（外言）となる。このコミュニ
ケーションの道具としての言葉（外言）は、母親や身近な人たちとだけ
で通じる「述語主義」の言葉（ヴィゴツキーの言う「自然発生的概念」の言
葉）とは違い、一般性を持った「科学的概念」の言葉であるが、実はこ
の「科学的概念」の言葉にもすでに多くの主観的な判断である「意味ス
キーム」が入り込んでいる。この入り込んだ「意味スキーム」を、使用

第四章　理性の〈言葉〉―〈学習Ⅱの省察〉―自／他の分離

される言葉の妥当性の検証によって省察し、意識化させていくのが「理性的」な対話の目的である。

　ただし、この対話的な「理性」に関しては、メジロー自身が述べているように、西洋的かつ男性的イデオロギーに支配されているという批判が存在する（Mezirow,J., Taylor, E. W., & Associates 2009:29）。これらの批判に対し、メジローは、バイアスに気付いたり、それらをコントロールしたりするのは理性の一部であると反論し、自分が前提としているのは何らかのイデオロギーと結びついた理性ではなく、人の視点や信念や価値、感情、自己観念に言及する言説の中で、それらをサポートしている前提についての批判的自省的な判断を発展させるプロセスにおける理性を重視しているのであって、そのことはイデオロギーとは同一ではないと主張する。しかし、この点について、ハート（Hart, M.）はそれがプロセスとしての理性であったとしても、メジローが援用しハーバーマスが主張するような「理性的討議」の場は人間の情緒的・本能的側面を考慮しておらず、そこでは人間の身体の具体性が切り離されていると指摘する。そして、それに対してケアと連帯意識を持った関係性に触れることのできる環境を作り出す必要性について述べている（Hart 1990:125-138）。ハートはメジローのいうような対話的学習を実践するコミュニティにおいて、重視されるべきは「西洋的理性」ではなく、コミュニティの参加者のそれぞれの異なる経験に「橋を架ける」ことだと考えるのである。このようなハートの指摘は確かに正しい。「対話的な場」が、参加者たちが心を開き、感情を受容される「場」になっており、更に語られた言説がまず共感的に受け止められるという確信がなければ、参加者たちは自らの体験を語ること自体ができない。このことは第一部において、「ナラティヴな学習」が、「かけがえのない個として他者を認識し、そのものの内部で生じている問いを自己もまた一人の個として自らの上に引き受ける姿勢」を持つ他者の存在を必要としていたことと同義である。このような場面で語られるライフストーリーは語り手が自己を再構築することよりも、聴き手に向けて理解と共感、そして連帯を求める語りとして語られていた。そのため、聴き手が語り手の言葉をどう受け止めるのかが非常に大きな意味合いを持っていたことを再確認してお

107

第二部　生涯にわたる〈学習〉と〈言葉〉の諸相——自己と「他者としての世界」との狭間で

きたい。また、感情や無意識にかかわって言えば、「理性的討議」が及ばぬ範囲があることも了解しておくべきである。虐待を受けて育った子どもが、成長してからも他人の何気ない腕の上げ下げに思わず身を縮めてしまうように、我々にはどのように「理性」で整理しても、容易には克服できない、身体が記憶している領域がある。学習を支援する者はそのことについて深く思いを致す必要がある。

4. 〈学習Ⅱ〉の省察をもたらす理性の〈言葉〉

　しかし、にもかかわらず、そのような共感的な受容の場を保証したうえで人間の生涯におけるアイデンティティ形成という〈学習〉の階型に着目するならば、「個」を社会や過去からいったん「分離」し、形成された「意味パースペクティブ」を「理性的」に問い直し、それぞれの言説の背後に隠れた意味を共同で探っていくことは、特に自／他の同一化から自／他の分化へと向かう時期の青年期の学習においては重要な「対話的学習」である。なぜなら、乳幼児における〈ゼロ学習〉から幼少年期における〈学習Ⅰ〉においては、学習者と「他者としての世界」は一体であり、自／他の「意味スキーム」と「意味パースペクティブ」は一体のものであった。そして、その過去に習得した「意味スキーム」を〈学習Ⅱ〉において確認し、そのことによって過去の「意味スキーム」及び「意味パースペクティブ」に違和を感じ始めた学習者が、それらをあらためて選択し直すときには、過去の私が「主体として」見てきた世界を「客体として」捉え返す必要があるからである。そして、この世界を「客体」として捉え返すためには、自／他の分離・独立といった学習が必要となる。

　第二節で述べたように、アイデンティティの発達には「関係性としてのアイデンティティ」と「個としてのアイデンティティ」の二つの方向性がある。「関係性のアイデンティティ」は、「私は誰のために存在するのか」という、他者にとっての自己の意味を問うものであり、そのもっとも成熟した形が、「慈しみ・ケア」の概念である。しかし、他者の成長や自己実現を援助するためには個としてのアイデンティティが達成されていることが不可欠である。なぜなら、関係性のアイデンティティが

第五章　模索する〈言葉〉―〈学習Ⅱの破綻〉―自/他の断絶

目指すのは「自己」と「他者」との間の関係性であって、肥大した自己の中での未分化のままの「自己」・「他者」の癒着した同一化ではないからである。この自/他の癒着した同一化から自/他を分離させていく言葉、それが省察の言葉、理性の〈言葉〉であった。また、メジローの自己変容学習論は第一部の〈学習〉の分類に従えば、当該社会で使用される言葉とともに取り入れた当該社会の慣習や価値観を意識化する「クリティカルな学習」としての側面と、過去に親や役割モデルを通して取り入れた道徳的判断や社会的価値観親を、現在の自己の視点から問い直す「ナラティヴな学習」の側面を合わせ持つ。そして、「ナラティヴな学習」は過去の私が「主体として」見てきた世界を「客体として」今の私の視点から照らし出す学習であり、この学習が成立したとき個人にとって最も身近な存在である他者、所与として私に与えられた全てのものと出会い直し、関係を結び直す学習となりうる。それはアイデンティティの危機を迎え、過去の「意味パースペクティブ」によっては世界を解釈できず、住みなれた世界との断絶の中で深い孤独を感じている学習者にとって大切な学習であるといえる。

109

第二部　生涯にわたる〈学習〉と〈言葉〉の諸相——自己と「他者としての世界」との狭間で

第五章　模索する〈言葉〉

——〈学習Ⅱの破綻〉——自/他の断絶

　先に見てきたように、ベイトソンはコンテクストの変容を伴う〈学習Ⅲ〉を、学習者の中に大きな変容をもたらし「個人的アイデンティティーがすべての関係的プロセスの中へ溶出した世界」へとつながるような体験ともなると述べている。〈学習Ⅲ〉において、学習者はそれまでの人生で形作られた価値観、信念の問い直しを要求される。このとき学習者は自分をとりまく現実を、それまで持っていた世界観によって解釈することができず、自分と現実の間に深い深淵を見ることになる（Bateson 1972= 1987:429-436）。このような〈学習Ⅲ〉としての自己変容は、第四章でみたようにメジローの自己変容論や、ミラー（J. P. Miller）のホリスティック教育論の中でもすでに論じられてきた。両者はともに学習を認知面だけではなく態度や価値的側面において捉え、その中で起きる自己の深い変容や世界観の問い直しについて論じており、それらの変容論は人間の学習を生涯発達という点から捉え直す上で大きな意味を持っていた。ただ、両論においては自己の価値観の相対化（メジロー）や、自己と他者のつながりを見出すこと（ミラー）に主眼が置かれており、自己に変容をもたらす前提としての「他者（他なるもの）」の存在については注目されてこなかった。そこで本章では、このような「他者（他なるもの）」の存在を前提にした変容の事例として斎藤茂吉の『赤光』をとりあげる。そして、その中に現れる応答不可能な「他者（他なるもの）」との間の断絶を礎とした自己の変容を、メジローの自己変容論やミラーのそれと並ぶ第三の自己変容と位置づけて、「他者性」という観点から茂吉の短歌とその実相観入論を考えてみたい。

　第四章でも見てきたように、メジローの学習論は、子ども時代に無批判、無意識にとり込んだ規範的信念体系を批判的省察によって問い直すという〈学習Ⅱ〉からの変容プロセスに注目した学習であった。そし

110

第五章　模索する〈言葉〉―〈学習Ⅱの破綻〉―自／他の断絶

て、それはアイデンティティの危機を迎え、過去の「意味パースペクティブ」によっては世界を解釈できず、住みなれた世界との断絶の中で深い孤独を感じている学習者にとって大切な学習である。しかし、メジローへの批判の項でもみたように、学習者はいつも「対話的理性」によってこの事態を乗り越えていけるわけではない。メジローの学習論は、個人を他者・社会・過去からいったん「分離」することによって個体化の発達をはかり、自己の価値観に潜む、意味図式を相対化することによって、「他者の反応や外的統制によらない自律的行動」を目指して行くものであり、その変容論は個人の発達・成長をめざした上昇モデルの中で展開されている。さらにそこで生じる変容も、幼少時に獲得した価値観の意識化によるアイデンティティの再編成という形をとるため、前後に連続性がある。これに対し、茂吉が歌に詠んだような、異質な他者がもたらす変容は、慣れ親しんだ既知の世界との断絶とアイデンティティ崩壊の危機を常に孕んでいる。それは他者との邂逅のみならず、事故や死といった否応ない偶発的な「出来事」としての「他なるもの」との邂逅がもたらす変容であって、個人の発達や成長といったモデルの中で論じることはできず、変容の前後に過去と現在との断絶・深淵が存在する。本章では、そのような応答不可能な他者との間の断絶を、斎藤茂吉の実作からみていく。そして、いったん獲得された言葉が、応答不可能な「他者（他なるもの）」との邂逅によって自己と他者の断絶の中で無力化するありさまを〈学習Ⅱ〉の破綻として位置づけ、それでも語りだすための言葉を「模索する〈言葉〉」として考察する。

　そのためにまず、第一節では「分かり合えない他者としての狂者」との出会いが紡ぎ出す茂吉の短歌を中心に、その中に歌われた自己と他者の断絶の深さと模索する〈言葉〉をみていく。また、第二節では、そのような『赤光』がもつ自／他との断絶と変容、およびそれらと茂吉の実相観入論との関わりを「ものへの観入」と「ことへの観入」という二つの視点を切り口にして探ってみたいと思う。そして、第三節では「他者（他なるもの）」との間の断絶によって失われたコミュニケーションの言葉の自覚が〈学習Ⅲ〉への契機となることを見ていく。

111

第二部　生涯にわたる〈学習〉と〈言葉〉の諸相——自己と「他者としての世界」との狭間で

第一節　わかりあえない出来事としての
　　　　「他者」との邂逅

1．「いのちのあらはれ」としての歌集『赤光』

　　「自殺せる狂者をあかき火に葬りにんげんの世に戦きにけり」

　　　　　　　　　　　　　　　　　　　　『赤光』大正元年「冬来」[28]

　斎藤茂吉の第一歌集、『赤光』の中には上記のような「狂人」や「囚人」を扱った歌がしばしば登場する。また「死にたまふ母」の連作で有名なようにこの歌集には「死」を扱った作品が多く「死」という絶対的に「他なるもの」の前に茫然と立ちすくむ一人の自我が赤裸々に歌われていて、その分かり合えなさ、「他なるもの」との間の深遠の深さゆえに、我々を衝撃の中に叩き込む強さを持つ。『赤光』の短歌、また、茂吉の実相観入論については、歌壇はもちろん哲学の分野でもしばしば論じられてきた。しかし、それは「茂吉における写生は、内面の凝視を自然に託したもの」（小林 2000:357）であったり、「（茂吉は）『写生』とは自然と人間の『生』を写すものであり、両者が一体であることを主張する」（篠 2012:74-77）「ドイツ感情移入美学などを背景にして、自然の表面ではなく、その実在の相に観察主体のすべてを投げ入れ、対象と自己の生命が一体になった状態を理想とし、その状態においてつかんだ対象の本質—日本語で「生命」は、しばしば本質の意味で用いられる—を表出することを意味している」（鈴木 2010）であったりと、自然・世界との「一体」を唱えるものとして論じられることが多かった。

　しかし、むしろ『赤光』のもつ力強さは、そのような「一体」としての自／他、少なくとも「観察主体のすべてを投げ入れ」ることによって直接的に得られる自己と自然の一体感にあるのではなく、「狂者」の死を前にして「にんげんの世に戦く」という自／他の断絶の側にある。

　　28　『赤光』の歌はすべて『斎藤茂吉全集　第一巻』による。

第五章　模索する〈言葉〉―〈学習Ⅱの破綻〉―自/他の断絶

　師、伊藤左千夫の死という一報を受けて作られた「悲報来」という一
連の連作を冒頭とし、逆年代順に並べられた『赤光』は大正二年十月に
発刊され、大正十年には歌の配列を変え、改変・増補されて年代順に並
べなおされ、改選『赤光』として発刊される。発刊当時の『赤光』が文
壇に与えた衝撃の大きさは、芥川龍之介をして「僕の詩歌に対する眼は
斎藤茂吉にあけて貰った」、「茂吉を冷静に見るのは僕自身を冷静に見る
ことだから、行路の人を見るように見ることなど、到底できない」と
いわしめた事から推察される（芥川 1924）。歌人の近藤芳美（近藤 1970）
は「斎藤茂吉という歌人がいなかったなら、私の人生はもっと違ったも
のになっただろう」といい、また、小林恭二（小林 2000）は「近代短歌
史上間違いなく、最高の歌集の一つ」であり、「近寄っただけで火傷し
そうな」歌集といった。茂吉は『赤光』発刊後次作『あらたま』発刊ま
でに七年の歳月を要しており、この間自分の作歌活動がなかなか思いに
任せずかなりの改変を行ったこと、歌人を続ける事が出来そうにもない
と言った苦悩を表白している。その裏には茂吉の長崎専門学校への赴任
や長崎精神病院精神科部長就任、また自身の病気などの事情があるのだ
が、それ以上に『赤光』の延長では歌づくりができなくなっていた事が
原因であった。

　　　「いざ清書しようとすると、見る歌も見る歌も不満で溜まらない。さ
　　　ればとて其を棄ててしまうと、歌の數が減ってしまって、歌集の躰裁
　　　を為さなくなるであらう。それなら、いま歌が直せるかといふに、さ
　　　ういふことはなかなか出来るものでない。落胆と失望とで為事が中絶
　　　した。」
　　　　　　　　　　　　　　　　　　　　　　　　　　（斎藤 1973a:317-318）

　『あらたま』以降の歌については評価が分かれる。「沈潜した自然観
照や日常吟に内面的な傾向」が高まり（矢沢 1985:66）、「声調が整い、静
けさの中に力のこもった歌」（吉川 2005:124）が増えてくる一面、『赤光』
の持っていた大胆さ、奇抜さは失われていく。茂吉自身、『赤光』の歌
の一部を評して「何とも云へぬ厭な気持なってみぶるひした。」（斎藤
1973b:62）といい、「『赤光』以後の歌は僕の本物のような気がして、第

113

第二部　生涯にわたる〈学習〉と〈言葉〉の諸相——自己と「他者としての世界」との狭間で

二歌集には今度こそいい歌を載せられるといふ一種の希望が僕の心にあった」とも述べている（斎藤 1973a: 323）。にもかかわらず、『赤光』は当時も、後世においても、茂吉の云う「いのちのあらはれ」としての輝きを放ち、我々を引きつける。なぜなら、そこには茂吉の云う「内部急迫」、「何かを吐き出したいという変な心」、「『せずに居られぬ』大きな力」を感じ取るからであろう。では『赤光』の中のどの部分がこのような「衝迫」を我々に感じさせるのか、それを次節では茂吉自身の歌をもとにして『赤光』の輝きの持つ深みの一端を探ってみたいと思う。

2.「他なるもの」との邂逅——「狂人守」の短歌

「くれなゐの百日紅は咲きぬれど此きやうじんはもの云はずけり」

『赤光』大正元年「狂人守」

『赤光』には「狂人」をテーマにした連作が多く存在する。しかし、第二歌集『あらたま』ではほとんど歌われることがなくなる。この[29]「狂」という言葉の使用について、精神病医であるよりは、「狂人」「狂院」は歌へののりがよいと歌人であることをえらんだ茂吉には、差別問題への意識がないという批判に対し、小泉は、批判は皮相的な見解であり、当時の精神病への社会全体ともいうべき否定的な眼差しの中で、新聞報道をはじめとして「狂」の字が一般的に使用されていた事実を勘案すれば、茂吉だけに差別意識の欠落という烙印を押すのは理不尽であると茂吉をかばっている（小泉 2011:195-197）。

しかし、小泉自身が指摘しているように、茂吉が最初に赴任した巣鴨病院の院長であり、恩師であった呉秀三が、精神病院から「狂」の一字を放逐した人物であり、茂吉自身、呉を敬愛していたことを思えば、歌における「狂」の一字の使用はただ、社会一般の意識の反映などではなく、むしろ茂吉にとっての積極的な意味合い、その言葉でしか表し得ぬ

29　この変化について、小泉博明は、「茂吉が病者と共に歩むようになり、半人前から一人前の精神病医となった証左とも言えよう。」（小泉 2011:195）と述べているが、この点については稿を改めて検討したい。

114

第五章　模索する〈言葉〉—〈学習Ⅱの破綻〉—自/他の断絶

何かを持っていたというべきであろう。[30]

　では、茂吉をこの歌の創作に駆り立てた「衝迫」、「何かを吐き出したいという」[31]心とは何か。茂吉が精神病医になったのは、養父の斎藤紀一の脳病院を継ぐためである。紀一は田舎の優等生であった茂吉を東京に呼び寄せ、養子とし、医師になるための教育を施した。茂吉は「紀一の期待に応え、第一高等学校から、東京帝国大学医科大学へ入学し、身を立てて名をあげることにより、ようやく次女てる子の婿養子となり、茂吉は自らの居場所を少なからず確保することが出来たのである。しかも医科大学では、自らの専攻を選択することもなく、紀一と同様に精神医学を専攻することとなり、茂吉は医者のなかでも精神病医にならざるをえなかった」（小泉 2011:191）。この間の心情を茂吉は「元来小生は醫者で一生を終らねばならぬ身なれば先づ身を丈夫に醫學士へでもなり」「金でも出來るだけモーケ父母にも安心させ」「斯くて小生は骨を碎き精を灑いで俗の世の俗人と相成りて終る」「是非なき運命」だと開成中学の同級生に書き送っている（斎藤 1974b :53）。

　つまり、茂吉の精神病院への就任は決して自らが望んだものでない。しかも、当時の精神病への偏見・差別意識の根強さは茂吉自身が身にし

30　「私が教室に入ったころには、もはや病名から、「狂」の文字は除かれてゐた。従来、躁鬱狂と謂はれてゐたものが躁鬱病となり、早発癡狂と謂はれていたものが早発性癡呆となり、緊張狂が緊張病、破瓜狂が破瓜病、麻痺狂が麻痺性癡呆となり、なほ従来『狂』の字を以てあらはしてゐたところを、精神病或は精神障礙といふ文字を以て代へるやうになつてゐた。此は全く呉先生の見識に本づくものであって、欧羅巴の先進国といへどもいまだ此の挙に出でてはゐないのである」『呉秀三先生を憶ふ』（斎藤 1974a: 143-145）

31　「予が短歌を作るのは作りたくなるからである。何かを吐き出したいという變な心になるからである。この内部急迫（Drang）から予の歌が出る。如是内部急迫の状態を来人は『歌ごころ』と稱えた。この『せずに居られぬ』とは大きな力である。同時に悲しき事實である。方便でなく職業でない。かの大劫運のなかに、有情生来し死去するがごとき不可抗力である」（斎藤 1973b:27）
　　「力に満ちた内生命に直接なさけびの歌は尊い。この種の歌を吟味するに際して、われらはまず作者がいかなる『衝迫』から詠んだのであるかに留意する。第二に表された言語の直接性と、従而それに伴う力と純と単（Einfachheit）とに留意する」（斎藤 1973b:34）

115

第二部　生涯にわたる〈学習〉と〈言葉〉の諸相——自己と「他者としての世界」との狭間で

みて感じていたばかりか、そのような世間一般の意識を茂吉もまた成長する中で無意識に身につけてきただろう。だからこそ、精神医になることは、茂吉にとって諦観と忸怩たる思いとともに抱え込んだ「是非なき運命」であった。

> 「はじめのうちは精神病者に親しめず、夜の廻診に長い廊下を通って行く時など、そのまがり角のところに、葦原金次郎といふ自称将軍が月琴などを鳴らしながら待ちかまへてゐて、赤酒（葡萄酒）の處方を書くことを強要したりする。そんな事も何となし恐ろしい。受け持ちの患者が興奮したりすると當直してゐてもなかなか眠れない。暁近くなるまで輾転するやうなこともあった。或る晩に自殺を企てた患者がゐて、咽喉を鋏でめちやくちやに斬つたのを、看護長と協力して所置したことなども、いつの間にか忘れるやうになつて、精神病醫としての為上げが、何時できるともなく出来て行くのであつた。」
>
> （斎藤 1975b:331）

　茂吉にとって精神科医として出会った「狂者」の多くは簡単には理解しがたい存在であった。彼らとの出会いは、田舎育ちの優等生であった茂吉にとって良くも悪くも強烈で、通常の言葉に収まりえない衝撃であっただろう。しかも精神科医となった茂吉にとって、彼らはまず自己が正面から向き合うべき相手であり、目をそむけることのできない他者、自らがその存在に責を負うべき他者として立ち現われてくる。

> 「ダアリヤは黒し笑ひて去りゆける狂人は終にかへり見ずけり」
>
> 『赤光』大正二年「みなづき風」

　ダアリヤはダリヤ、塚本（1977）によると日本にこの花がオランダからもたらされて70年ほど、当時としてはまだなじみの薄い洋花である。もちろんその花の色は紅、強いて言えば「黒に近い臙脂」であって、決して「黒」ではない（塚本 1977:54-55）。そのなじみのないダリヤと「狂者」との二者が形作る世界は茂吉の日常からは遠い。『赤光』には茂吉

第五章　模索する〈言葉〉─〈学習Ⅱの破綻〉─自／他の断絶

自身が指摘し、また、それ故に批判の対象ともなる奇抜な語、異様な言葉遣いがしばしば登場する。それは、このような茂吉の味わっていた慣れ親しんだ世界からの疎外感と距離感が生み出したものであるだろう。つまり、それは日常の語の次元では言い表すことのできぬ世界を表現するための摸索が生み出した言葉である。もちろん、茂吉自身の奇抜な語の好みといったものもあったに違いない。しかし「狂」「狂人守」という言葉の選択は茂吉にとって抜き差しならない従来の世界との違和の表明であった。

　　　「うつせみのいのちを愛しみ世に生くと狂人守となりてゆくかも」

（斎藤　1975a:43）

　同じく精神病医であった茂吉の次男、北杜夫は当時の精神科が「患者さんに対してほとんど大した手段もない」状態であったことに触れながら、「父が自らを『狂人守』と呼んだ心根は、精神科医、それも昔のそれをある程度知るものでなければ分からぬと思う」と書いている（北 1991:59）。と同時に、茂吉の中にそのような「感謝せられざる医者」（斎藤 1974a :445）になったことへの自嘲の思いがなかったかと言えば、当時の世評や茂吉が精神科医になる経過を見れば、それはきっとあったに違いない。しかし、茂吉の短歌に最も強く感じるのは、「他なるもの」との出会いがもたらした衝撃の大きさ、現在の自分が見る世界と過去の自分が見ていた世界との間に横たわる深淵の深さのほうである。品田悦一は次のように言う。

　　　「茂吉が創作を通して相手取っていたのは、〈世界があること〉と〈自
　　　分がいること〉が同時にひらけてくるような次元なのであった。存在
　　　の根源的な不可解さと対峙していた、といってもよいだろう。とにか
　　　く歌心が恐ろしく深いところから湧いたらしい。『赤光』とは、生き
　　　てこの世にあることを大いなる奇蹟と感じた男が、目の当たりに生起
　　　するあらゆる現象に目を見張り、戦き、万物の生滅を時々刻々に愛し
　　　続けた心の軌跡なのだと思う。そこには自明なことなど何一つない。

117

第二部　生涯にわたる〈学習〉と〈言葉〉の諸相——自己と「他者としての世界」との狭間で

　　言葉を覚えはじめた幼児にとってそうであるように、世界は真新しく
　　謎に満ちている。燦爛と光が降り注ぐただ中に変な裂け目がいくつも
　　あって、途方もない暗黒が覗けている。茂吉の特異な言語感覚が、こ
　　の根源的な生命感覚と共振するとき、『不思議な奇異な感覚』で読者
　　の魂を揺さぶる歌々が生まれる。『赤光』が異化の歌集でもある理由
　　はそこにあると思う。

　　　　　　　　　　　　　　　　　　　　　　　　　（品田 2010:119-120）

第二節　自／他の断絶と茂吉の『赤光』

1．自／他の断絶がもたらすもの

　品田が言うような点で、『赤光』は確かに「異化の歌集」である。「狂
者」との否応ない向き合いがもたらす自／他の断絶、「燦爛と光が降り
注ぐ」中に空いた「裂け目」、それが言葉となって凝集している。しか
し、『赤光』にあるのは、そのような暗黒の「裂け目」のもたらす恐ろ
しさだけではない。

　　　「日を吸ひてくろぐろと咲くダアリヤはわが目のもとに散らざりしか
　　　も

　　　かなしさは日光のもとダアリヤの紅色ふかくくろぐろと咲く」
　　　　　　　　　　　　　　　　　　　　『赤光』大正二年「みなづき風」

　これは、前述の「ダアリヤは黒し」と同じ連作中の一首である。「ダ
アリヤ」が黒いと笑って去った「狂人」の、その目をとおせば「ダアリ
ヤ」の紅は「くろぐろ」と黒く、筆者の感性は狂者と共振して日光のも
と、黒く虚ろな現実を映し出す。

　　　「精神病者の『異常の造語』を、茂吉は疾患の症状と捉えるだけでな

118

第五章　模索する〈言葉〉―〈学習Ⅱの破綻〉―自/他の断絶

く、人間が自己の生命に直接であろうとする切実な行為と見て、そこに詩歌作者の立場を重ねたのだった。……『赤光』の世界は、生命感覚だけではなく言語感覚の面でも、「狂者」たちの世界と強く共振していた」

（品田 2010:130）

　しかし、その「共振」は互いの理解や共感の上に成り立つものではない。むしろ、それは両者の非応答性、理解を拒む断絶の上に成立している。

　　「たたなはる曇りの下を狂人はわらひて行けり吾を離れて」

『赤光』大正二年「みなづき風」

　作者が呼びかける「他なるもの」、対話の相手であるべき「狂者」は呼びかける当人である作者を見ていない。応答はすれ違い、「吾」を一人そこに取り残して「狂者」は立ち去っていく。この分かり合えなさ、不条理までの非応答性は「狂者」の死を通して頂点に達する。

　　「あらはなる棺はひとつかつがれて穏田ばしを今わたりたり

　　自殺せし狂者の棺のうしろより眩暈して行けり道に入日あかく

　　自らのいのち死なんと直いそぐ狂人を守りて寝ねざるものを」

『赤光』大正元年「葬り火」

2.「にんげんの世」への戦き

　後に青山脳病院の院長となった茂吉は、患者の自殺に対して、その責任の重さから自殺する患者を憎悪するような気持を抱いたと述べているが、ここにはそのような業務としての責任感からくる自殺憎悪は感じられない。そこにあるのは向き合った他者のいのちが手からこぼれおちていくような存在の空虚感であり、「にんげん」とそのいのちの不確かさ

119

第二部　生涯にわたる〈学習〉と〈言葉〉の諸相──自己と「他者としての世界」との狭間で

が一首に赤い入日の中での眩暈をもたらすような不安定さをもたらしている。

　　　「にんげんの赤子を負へる子守居りこの子守はも笑はざりけり」
　　　　　　　　　　　　　　　　　　『赤光』大正二年「呉竹の根岸の里」

　かな書きで書かれた「にんげん」、そのいのちの重さ、抱え込んだ業の深さ、安易な理解を阻む自己と他との不協和音が赤子と子守に集約されたようで、戦慄を覚える一首である。動物園をテーマにした次の連作には、そのような「にんげん」のいのちの重さ、この世界に生きることの苦悩と戦慄、そのなかで見出した動物たちの自然な生存本能への癒しの希求がある。

　　　「さけび啼くけだものの邊に潜みゐて赤き葬りの火こそ思へれ

　　　ひたいそぎ動物園にわれは来たり人のいのちをおそれて来たり

　　　けだもののにほひをかげば悲しくもいのちは明く息づきにけり

　　　けだものは食べもの戀ひて啼き居たり何といふやさしさぞこれは」
　　　　　　　　　　　　　　　　　　　　　『赤光』大正元年「冬来」

　食べものを恋ひて啼く、生きようとする動物の自然な本能を前にして、その本能の健やかさに茂吉は「やさしさ」を感じている。それほどに茂吉が対峙している「にんげん」の世は、生き難く、戦慄を覚えるほどに苦しみと不可解さに満ちている。その「にんげん」の世を生きる吾と、「他なるもの」としての「狂者」は、互いに応答が成立しないまま、安易な理解を阻みつつ深淵を挟んで対峙し、孤立している。この生き難い世ゆえに、吾と「狂者」は、抜き差しがたく全ての虚飾を取り払って裸のままの「にんげん」として向き合い、存在を主張し、分かり合えなさの果てで、「いのち」の重さを扱いかねて立ちすくむ。重なり合う部

120

第五章　模索する〈言葉〉―〈学習Ⅱの破綻〉―自/他の断絶

分のない吾と他が、このようにいのちの戦慄すべき重さをかかえてこの
世に「存在」すること、その存在の不条理さが、しかし、茂吉をさらな
る感慨へと駆り立てる。

　　　「死に近き狂人を守るはかなさに己が身すらを愛しとなげけり」
　　　　　　　　　　　　　　　　『赤光』明治四十四年「折に触れて」

　塚本はこの一首、ひいては茂吉が自らを「狂人守」と称する一連の
歌を「精神病医としての自分を悼み、かつ憐れ」む気持ち、「屈折を重
ねた卑下自慢」だとし、「我が身をいとおしむ」その心を否定している
（塚本 1977:271）。確かに、塚本が指摘するように、『赤光』には自愛の心
を詠んだ歌が多い。

　　　「おのが身をいとほしみつつ歸り来る夕細道に柿の花落つも

　　うつそみのいのちは愛しとなげき立つ雨の夕原に音鳴くものあり」
　　　　　　　　　　　　　　　　『赤光』明治四十四年「うめの雨」

　しかし、そこにあるのは塚本が言うような、狂人を見守る役目を背負
わされた、自らの職業への嘆きではない。自愛の歌は『赤光』、特に明
治四十四年、茂吉が精神病医として巣鴨病院に赴任した前後の時期に集
中して読まれている。それはとりもなおさず、この時期の彼が「にんげ
ん」とその宿命とに正対していたことを示すものだ。彼にとって「狂
人」の生は、自己の根源に直接訴えかけ、「にんげん」というものの命
のはかなさを感じさせる。この生き難い世に、「われわれ」は生まれ育
ち、それぞれの重荷を抱えて生きている。背負った重荷はそれぞれだけ
のものであり、誰も代わりに負うことはできない。それは彼が精神科医
として「狂人」を「守」る立場でしか居られなかったことと同様であ
る。他者の苦しみと悲しみは他者だけのものであり、安易な理解や共
感を寄せ付けない。しかし、「われわれ」がそのような存在として生ま
れ、生きていること、その事実こそが、我と汝に等しく与えられた運命

121

第二部　生涯にわたる〈学習〉と〈言葉〉の諸相——自己と「他者としての世界」との狭間で

であり、「にんげん」としてこの世を生きる悲しさとはかなさなのだろう。そう思えば、この「にんげん」の世を、それぞれの重荷を背負って生きる吾と汝はともに悲しく、ともに寂しく、そして、限りなく愛おしい。「死に近き狂人」も彼を「守る」「己が身」も、ともに運命の前でははかない人間存在にすぎない。だからこそ、両者のいのちを「愛し」と感じずにはいられない。ここでは、「狂者」という圧倒的に「他なるもの」がその他性ゆえに吾の前にのぞかせて見せた深淵の、その深さを感じるゆえに、他と吾が等しく「にんげん」の世の戦慄を感じさせる存在、「われわれ」として知覚されている。そして、この茂吉の独特の感覚は「狂人」のみならず、全てこの世を生きるあらゆるもののいのちが持つ悲しさへと通じている。

　　　「照り透るひかりの中に消ぬべくも蟋蟀と吾となげかひにけり」

　　　　　　　　　　　　　　　　　　『赤光』明治四十四年「折に触れて」

第三節　〈学習Ⅲ〉への契機としての言葉の喪失と模索する〈言葉〉

1．「創造的出来事」の契機としての「他なるもの」

　のちに茂吉を代表する歌論となった「実相に観入して自然・自己一元の生を写す。これが短歌上の写生である」との写生説・実相観入論を記した「短歌における写生の説」は『赤光』の後、筆者が創作に行き詰っていた時期（大正九年）に書かれたものであり、同時期に発刊された『童馬漫語』の中でも、茂吉はしばしば写生に言及している。茂吉の云う写生とは、「生を写す」ことであり、主観を排し、見たままを客観的に写し取る単なるスケッチではない。写生とは「いのちのあらはれ」であり、自然とは単に山水草木を指すのではなく、自己以外の「他なるもの」全てを含んでいる。

122

第五章　模索する〈言葉〉―〈学習Ⅱの破綻〉―自/他の断絶

> 「短歌は直ちに『生のあらはれ』でなければならぬ。従つてまことの
> 短歌は自己さながらのものでなければならぬ。一首を詠ずればすなは
> ち自己が一首の短歌として生れたのである」　　（斎藤 1973b:11傍点原著）

　つまり、茂吉にとっては主体と対象（実相）、その関わりから生まれ
るものが「生のあらはれ」としての「写生」歌となる。この関わりは、
しかし、上に見てきたように自己が対象に融合して一体となるような存
在の仕方で現れるのではない。茂吉の実相観入論は、しばしばその「観
入」という言葉に引きずられて、「自然と人間の『生』を写すものであ
り、両者が一体であることを主張する」ものであったり、「対象と自己
の生命が一体になった状態」を意味するかのように受け取られている。
ロシアの哲学者、ミハイル・バフチン（Бахтин, M. 1895-1975）は、この
ような対象への融合的な自己の投入は、自己を他者の中に読み込むこと
によって、自己が他者の中に埋没することを、つまり「自己を喪失する
こと」を（ということは他者の喪失をも）意味すると述べている。[32]

> 「わたしたちが二人であるときに、できごとが持つ実際の生産性の観
> 点から重要なのは、私の他にもう一人、本質的に同等の人間（二人の
> 人間）がいるということではなく、彼が私にとって別の人間だという
> ことである」　　（Бахтин 1999:148強調原著）

　茂吉の実作を見てみるなら、茂吉にとっての他者は感情移入が不可能
であり、といって客観的な知識や認識もそのままでは適用できない存在
として立ち現われている。そのような他者・対象と自己は、一致をみる
ことなく応答の不可能性の前に立ちすくみ、にもかかわらず、そしてそ
のような他者を目前にするからこそ、自己の存在の在り方への知覚が現

32　もっとも、バフチンの言う他者は、自己の感情移入をいったん受け入れ、
　　重なり合うことができる存在であり、バフチンが強調する自己はそこから
　　回帰し、他なるものとしての体験を関係づけ完成させる「余裕」「余剰」
　　としての位置をもつ自己である。（Бахтин 1999:148）

第二部　生涯にわたる〈学習〉と〈言葉〉の諸相──自己と「他者としての世界」との狭間で

れてくる。「狂者」と対峙する茂吉の位置は余人は言うまでもなく、向き合う他者である「狂者」と交換することもできない。なぜなら互いに見ているものが絶対的に違っているからである。

　　　「気のふれし支那のをみなに寄り添ひて花は紅しと云ひにけるかな」
　　　　　　　　　　　　　　　　　　　　『赤光』大正元年「狂人守」

　この「をみな」は茂吉のいう「花は紅し」の言葉を受け入れることはないだろう。茂吉自身そのことは了解済みのはずである。言い聞かせるように語る茂吉と「をみな」との距離は抜きがたく大きい。両者の位置は置換不可能であり、二つの意識は融合を拒否するように存在している。しかしそれゆえにその両者が向き合うまさにその時、それぞれの存在の唯一性は現れてくる。つまり、茂吉の「実相への観入」は、他者である「をみな」という対象への観入、即ち「ものへの観入」としてではなく、「他なるものと自己との間の分かり合えなさ」という、「ことへの観入」として現れる。バフチンはこのような二つの意識が生み出す「創造的出来事」について次のように述べている。

　　　「一個の意識の平面では展開するのが原理的に不可能で、融合しない
　　　二つの意識を前提とする出来事、一つの意識がまさしく他者として別
　　　の意識に関係するのを本質的な構成要因とする、そうした出来事があ
　　　る。そもそも創造的に生産的なすべてのできごと、新たなものをもた
　　　らす唯一でかけがえのないできごとはすべて、そうしたものである。」
　　　　　　　　　　　　　　　　　　　　　　　　（Бахтин 1999:219）

　茂吉の場合は、この出来事が創作に結び付いたわけだが、バフチンの言う「創造的出来事」はもちろん必ずしも何らかの作品の創作といったような形をとるのではない。むしろ、それは「他なるもの」との出会いがもたらす自己の変容という形をとる。だからこそ、それはしばしば危険を伴うものでもある。澤田はこのような創造的出来事を次のように解説している。

第五章　模索する〈言葉〉―〈学習Ⅱの破綻〉―自／他の断絶

「その対話的関係とは、定義上、他者との、つまり自己にとっては未
知の対象や意識存在との予測不可能な交流＝唯一性としての出来事で
ある。だからこそ、この対話が継続され一定の結論が得られたとき、
その自己の意識には、ある種の発見が生じる。このようにして、唯一
性としての自己は対話的関係の中で実現されるのである。しかし、こ
の実現された自己は、新たな発見を経由している以上、もはや対話的
関係以前の自己存在と同じものではなくなっていることを再確認して
おく必要があろう」

(澤田 2009:49-58)

　『赤光』に見られる断絶は、まさにこのような創造的出来事として歌
われている。ここでいう「実相への観入」は、自／他の融合を志向する
どころか、自／他の越え難い深淵から出発してあくまでそれぞれの特殊
性を際立たせたまま、自／他を包み込む世界へと自己を導く。茂吉の
「写生」とは、そのような「ことへの観入」によって生まれる新しい自
己の生をそのままに写し取ることであったのではないかと思う。

2.「ことへの観入」と「自己の変容」

　さて、冒頭でも述べたように、このような新しい自己の生の誕生をも
たらす創造的出来事、置換不可能な他者による自己の変容を、ベイトソ
ンは〈学習〉という言葉で定義している。このような〈学習Ⅲ〉として
の自己変容は、メジローの自己変容論や、ミラーのホリスティック教育
論の中でもすでに論じられてきた。ただ、『赤光』において見られる自
己の変容は、それが応答不可能な「他なるもの」の存在を前提にすると
いう点で、これらの変容論とは内容を異にしている。

　ミラーのいう変容（トランスフォーメーション）としての教育は、従来
の教育への批判を基盤としており、刺激―反応といった行動主義的教育
観（トランスミッション）や知的側面を重視した認知主義的教育観（トラ
ンスアクション）に対して、身体や感性・直観の働きを重視し、人間の
全的（ホリスティック）な発達を目指した教育の可能性を自己と他者の
つながりの中に見出そうとしたものである。

125

第二部　生涯にわたる〈学習〉と〈言葉〉の諸相——自己と「他者としての世界」との狭間で

> 「自我を越えたところに〈自己〉があります。……自我は自分を他者から区別してみています。またしばしば他人と果てしなく競いあいます。しかし〈自己〉には、他者との葛藤や争いはありません。他者や〈いのち〉あるものとの深いつながりを感じ取っているからです。隔たりや分断というものが、根底からすれば幻想にすぎないということに、〈自己〉は気づいているのです」　　　　　　　　　　（Miller 1993 = 1997:28）

　ミラーのいう「他者や〈いのち〉あるものとの深いつながり」を感じ取ることの出来る自己は、人間の中にもともと備わっている。その自己の存在に気づくこと、そして気づきを通して自／他のつながりを見出すことがミラーの変容（トランスフォーメーション）であり、そのためにミラーはイメージワークや瞑想といった自身の内部へ沈潜や自然や他者への共感的一体化を通じて、世界と根源的な〈自己〉との一体感を見出そうとする。ただ、このようなミラーの変容は、先ほどの論で言えば「ものへの観入」による変容であり、「応答不可能な『他なるもの』の存在」という「ことへの観入」を契機とする『赤光』の変容とはその前提が異なっている。ミラーにとって自／他の差異は克服可能である。自と他は本来的には一体のもの、融合しているものであり、表面的な差異や隔たりは本質である自己に気づくことによって解消され得る。
　しかし、茂吉にとっての「他なるもの」は述べてきたように、融合はもちろん完全には理解することもできない存在である。『赤光』においては、自己と他者、二つの意識は断絶し、それぞれの特殊性を際立たせたまま、両者を包み込む世界へと至る。ミラーの変容は他者とのつながりを感じることによって静かな癒しをもたらすが、『赤光』における変容は「他なるもの」との葛藤の末の深い透徹した生への理解をもたらす。その意味では両者は前提のみならず、到達する世界へ至るプロセスの方向性が逆であるとも言えよう。また、メジローの自己変容学習論では、自らが幼少年期に無意識に受け入れ同化した心理的前提—意味スキーム—を、成人となった個人が意識化することによって、「妥当性を検証し、そうすることによって行為主体としての自己の理解力と判

第五章　模索する〈言葉〉—〈学習Ⅱの破綻〉—自/他の断絶

断力を伸ばすことができるようになる」ことで変容が生じるとされる
（Mezirow 1989=1999:131）。

> 「（学習の）第三の過程は意味の変換によるものである。すなわち、歪
> められたあるいは不完全な意味図式にはそれを基礎づけている特定の
> 前提（図式・基準・規則、あるいは抑圧）があることに気付くようにな
> り、意味を再編成することをとおして、意味を変換することである」
>
> （Mezirow 1989=1999:136）

　ただメジローのいう変容は、自/他の分離による個人の発達という個
人の成長をめざした上昇モデルの中で展開されており、アイデンティ
ティの再編成という点において変容の前後に連続性がある。
　これに対し、バフチンが言い、茂吉が歌に詠んだような、異質な他者
がもたらす変容は、慣れ親しんだ既知の世界との断絶とアイデンティ
ティ崩壊の危機を常に孕んでいる。それは他者との邂逅のみならず、事
故や死といった否応ない偶発的な「出来事」としての「他なるもの」と
の邂逅がもたらす変容であって、個人の発達や成長といったモデルの中
で論じることはできず、変容の前後に過去と現在との断絶・深淵が存在
する。
　『赤光』の歌はこのような過去と現在、自己と「他なるもの」との間
の断絶を目の当たりにして詠まれたものであり、それゆえに我々の心を
打つ。しかし、そのような自己、そして他者へのまなざしは「自/他を
包み込む世界」「個人的アイデンティティーがすべての関係的プロセス
の中へ溶出した」世界へと通じている。茂吉の代表歌である「死にたま
ふ母」の連作の中にも、そのことは見て取れる。

> 「死に近き母に添い寝のしんしんと遠田のかはづ天にきこゆる」
>
> 『赤光』大正二年「死にたまふ母」

　死に近き母とそれを見守り添い寝する「吾」、その「吾」の中には母
と過ごした少年の日の思い出や共に過ごせなかった日々への悔恨の思い

第二部　生涯にわたる〈学習〉と〈言葉〉の諸相——自己と「他者としての世界」との狭間で

が胸に迫り、あふれていることであろう。そんな「吾」を見守り愛して
くれた母は、今「吾」と道を分かち、「吾」の思いにこたえることなく
あの世へと近づきつつある。夜はしんしんと更け、やがて遠い田の面
から蛙の声が響いてくる。蛙の声は遠からず母が赴くであろう天へと
響き、地上と天を、生と死を、また、「吾」と「母」を、つなぐかのよ
うに、しんしんと天に響く。ベイトソンの言う自己を取り巻く現実との
間に齟齬を感じ、断絶を前にした〈学習Ⅲ〉とはこのような世界ではな
かったか。そして、茂吉は狂者や死といった「他なるもの」との出会い
を通して「にんげん」の世を怖れ、戦き、愛したのだと思う。『赤光』
はまさにそのような意味で茂吉の「いのちのあらはれ」としての歌集で
あった。

　これまで述べてきたように、『赤光』の短歌は、自／他との断絶がも
たらす「にんげんの世への戦き」に満ちている。それは、「他者・他な
るもの」との葛藤・断絶を経て至る自己の変容の道でもあった。本章で
は、このような応答不可能な「他者・他なるもの」との間の断絶を礎と
した自己の変容を、メジローの変容や、ミラーの変容と比較しつつ考察
してみたが、言うまでもなく、この三つの変容に序列や優劣が存在する
わけではない。なぜなら、人間の学びとは決して単線上に展開するもの
ではなく、「人生の岐路に遭遇するごとに、これまでの自己のあり方や
生活構造の破綻や敗れに直面し、一時的な混乱を経て、再び安定した自
己の在り方が形成されていく」（岡本 2002:25）という、そのたびごとの
創生、変容のプロセスを持つからであり、そこに序列や優劣は存在しな
い。また、それぞれの変容後の人生が必ずしも平穏で安定したものであ
り続けるわけでもないからである。実際、茂吉は初めに述べたように、
『赤光』以後、しばらくの間歌が作れなくなった。そして生涯『赤光』
を積極的には評価しなかった。茂吉は『赤光』を「過去時における私
の悲しい命の捨てどころであった」と振り返っている（斎藤 1973b:114）。
『赤光』は、茂吉三十一歳の時の作品であり、このような青年期の自己
の変容が一人の人間の一生にどのような光を投げかけ、その後の人生と
どう関わりをもつものであるか、それを知るには茂吉の人生そのものを
その作品とともにもう一度見直す必要がある。同様に、本稿で挙げた三

128

第五章　模索する〈言葉〉―〈学習Ⅱの破綻〉―自／他の断絶

つの変容論もまた、一人の人間の生涯発達という観点から改めて捉えなおされなければならないだろう。メジローの変容論は、「個」を社会からいったん分離し自己の価値観に潜む意味図式を相対化したうえで、個人としてのアイデンティティ発達を図ろうとするものであり、青年期から成人期に渡るアイデンティティ形成の課題と対応させて今後考察を深めていくことができよう。また、ミラーのいう変容や、『赤光』において見られる変容は、自己と他者との関わりを前提にしており、なかでも『赤光』における「他なるもの」との邂逅は、避けられない偶発的な出来事としての事故や死といった否定的な「出来事としての他者」との邂逅をも含みこむという点で、他の変容論とは内容を異にしている。それ故に、そのような出来事との邂逅が人生にもたらす意味は、人間の発達・成長といったモデルとは違う視点で捉えられなければならないだろう。

　そのような理解の上に立って、ここにあげたような三つの変容がひとりの人間の生涯にとってどのような学習となるのか、そのことを次章では西平直が、井筒俊彦の『意識と本質』をうけて構想した「東洋思想と発達研究をつなぐチャート」をもとに考察してみたい。

129

第二部　生涯にわたる〈学習〉と〈言葉〉の諸相——自己と「他者としての世界」との狭間で

第六章　二重写しの〈言葉〉

—〈学習Ⅲ〉— 自／他の往還

　　「西洋近代の思想は『自我の形成』に焦点を当て、逆に、東洋の伝統
　　的な思想は『自我からの離脱』に焦点を当ててきた。ユングの枠組み
　　で言えば、『人生前半の午前中』については西洋近代が、『人生後半の
　　午後』については東洋の伝統がそれぞれ担当し、その転換点である
　　『人生の正午』に『自我』が位置したことになる。」
　　　　　　　　　西平直「東洋思想と人間形成　井筒俊彦の理論地平から[33]」

　西平のこの論は、井筒俊彦の『意識と本質』をうけて、「東洋思想と
発達研究をつなぐチャート」を構想したものである。従来の「人間形成
の理論（発達研究・教育研究）」が土台としていたような直線的な右上が
りの発達概念が崩壊したこの時代において、「ポストモダンの存在解体
作業が一通り終わった後に、人間形成の問題を存在論的・実存論的な
根底から構築する枠組み」として西平は井筒の研究を取り上げる（西平
2001:21）。そして、井筒の研究の中で、中心的な役割を担うのが「言葉」
である。そこで本章では、西平の論のもととなった井筒の「無分節」と
「分節」の概念を、東洋思想の表現としての芭蕉俳諧における「虚」と
「実」と対照させながら、人間形成論との関わりの上で考察してみたい
と思う。そのために、まず第一節では井筒の「分節」と「言葉」観を、
井筒が本質論として提起し西平が「東洋思想と発達研究をつなぐチャー
ト」として構想した「未分節」と「無分節」としての言葉の図を手掛か
りにして概観する。井筒の言う「分節の言葉」は、西平との対応で言え
ば母子一体化に象徴される根源的な一体性から自己を分離してゆくため
の言葉であり、「無分節」から生じる言葉はいったん客体と対立する者
として形成した自我を再び客体の中へと折り返すことで自と他を往き来

33　西平（2001）『教育哲学研究』（84）20頁　P 19-37

する可能性を孕む言葉である。そして、この絶対無分節から自／他を二重写しに捉える「分節（Ⅱ）」へと世界が顕現する瞬間を捉え、しかもその瞬間を日常的言語、分節的言語を用いて「言葉」にしたと井筒が評したのが松尾芭蕉である。そこで第二節では、芭蕉の俳諧を取り上げ、井筒の「無分節」と「分節」が松尾芭蕉の「虚」と「実」と重なり合っていることを論証しながら芭蕉俳諧に見られる「無分節」の言葉について考察する。そして、第三節では言葉が日常の言葉として成立しながら、しかも、分節作用をもたぬ「無分節」の言葉として成立するとき、生涯にわたる学習もまた、「個」としての分離独立といった〈自我の形成としての学習〉の側面を持ちつつ、自／他の存在を架橋し、自／他を関係性の中に包摂する〈自我からの離脱としての学習〉として成立することを論証する。

第一節　自／他を往き来する〈言葉〉

1．言語の分節機能

この節ではまず、西平の論のもととなった井筒の「無分節」と「分節」の概念をとりあげ、両者の間に顕現する言葉について考察する。なお、井筒は『意識と本質』において、「言葉」と「コトバ」の表記を両用しているが[34]、本節では引用を除き、「言葉」で統一する。

人はある事態を経験するとき、対象としての事態を認識し、関連する知識を想起し、善悪・損益を判断する。これらは概念操作によって行われ、人はそのもの、あるいはその事態を言語記号によって容易に他者と

34　「井筒が言語分節に始めて言及したのは『神秘哲学』のプロティノス論だった。その際は文字通り触れただけだが、著作を重ねるごとにその『意味』を深めていった。それは主著である『意識と本質』で、もっとも重要な鍵言語の一つとなる。従来の言語哲学の領域を越えて、『哲学的意味論』、すなわち井筒の『コトバ』の哲学が、存在／意識論、『コトバ』の神秘哲学へと創造的飛躍を遂げるのは、『意識と本質』においてである。この著作以降、彼は『言葉』と『コトバ』の表記を明確に使い分けるようになる。」（若松　2011:228）

第二部　生涯にわたる〈学習〉と〈言葉〉の諸相——自己と「他者としての世界」との狭間で

共有することができる。これが概念の言語の役割である。しかし概念は、我々が世界を解釈するために概念体系を組織した時の分節の仕方に応じて生じたものにすぎず、物事の本質そのものではない。この認識、意識と本質との間に関わる言葉の問題を井筒は次のように言述している。

> 「コトバの意味作用とは、本来的には全然分節のない『黒々として薄気味悪い塊り』でしかない『存在』にいろいろな符牒をつけて事物を作り出し、それらを個々別々のものとして指示するということだ。」
>
> （井筒 1991:11　傍点原著）

「黒々として薄気味悪い塊り」は、荘子の言に従えば「渾沌」という分節のない、主客未分の根源的状態である。

> 「意識の在り方としても存在の在り方としても、これは我々が普通、事物相互の間や事物と自我との間に認めている一切の区別、つまり分節がきれいさっぱり一掃された様態なのである。」（井筒 1991:143-144）

我々は、この「混沌」とした世界を理解するために、言葉を用いる。しかし、先に述べたように、日常で使用される「言葉」は存在そのものを表すわけではない。このことを井筒は次のような図を用いて説明する（図8）。

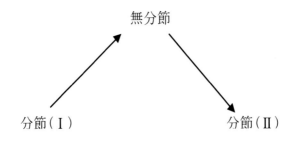

図8　分節の構造(井筒 1991:144 参照)

第六章　二重写しの〈言葉〉—〈学習Ⅲ〉—自/他の往還

　三角形の頂点をなす「無分節」は「意識・存在」のゼロ・ポイント。ここでは意識と存在は完全に融消し合って、両者の間に区別はない。それに対して三角形底辺の両端を占める分節（Ⅰ）・（Ⅱ）は、「事物が相互に区別され、またそれらの事物を認知する意識が事物から区別された世界、要するに我々の日ごろ見慣れた、普通の経験的世界」である。我々は普通、このような実存の地平で世界を了解し、また世界と関わる自己を了解する。我々を取り巻くすべての事物がそれぞれ己の存在性を主張する形而下の存在世界であるという点では、分節（Ⅰ）と分節（Ⅱ）とは全く同じ一つの世界であって、表面的には両者の間に何の違いもないように見える。が、「無分節という形而上的『無』の一点を経ているかいないかによって、分節（Ⅰ）と分節（Ⅱ）とは根本的にその内的様相を異にする」（井筒 1991:144）。分節（Ⅱ）に表れてくる一切は、主客未分の根源的状態—井筒は『東洋哲学覚書　意識の形而上学「大乗起信論」の哲学』のなかで、この無分節の空間を「真如」とよんでいる（井筒 2001:46）—の分節化した姿であり、それゆえに世界中のすべてが、「山」や「花」という姿をとりながら、分節（Ⅰ）で概念化されて分節化された「山」「花」ではなく、「真如」として認識される。西平はこの「無分節」から分節（Ⅱ）へと「還る」ことによって、人は「二重写し」の視点を獲得するという。

　　　「いったん『区切りなし』の無分節を体感した眼は、その境地を忘れることができない。現れつつある『区切りの世界』を見ながらも、その背後に『区切りなし』の境地を重ねて観る。つまり『二重写し』になる。」

　　　　　　　　　　　　　　　　　　　　　　　　　　　　　（西平 2001:26）

　分節（Ⅰ）で使用される「言葉」は我々の日常言語であり概念の言語である。これに対し分節（Ⅱ）では「言葉」は日常の言葉として成立しながらしかも分節作用をもたぬ「無分節」の言葉として成立する。

　　　「すべてのものがそれぞれ無分節者の全体そのままの顕露であるゆえに、分節された一々のものが、他の一切を内に含む。花は花であるだ

第二部　生涯にわたる〈学習〉と〈言葉〉の諸相——自己と「他者としての世界」との狭間で

けではなくて、己の内的存在構造そのものの中に（や、その他一切の分
節）を含んでいる。鳥は鳥であるだけではなくて、内に花をも含んで
いる。すべてのものがすべてのものを含んでいる。」

(井筒 1991:172-173　傍点原著)

　「言葉」が「コトバ」として語られる時、花という「言葉」はすべて
のものを含み込む「コトバ」となると井筒は言う。

2.「無分節」の言葉

　しかし、井筒の言う「花」が「花」であり、「山」が「山」であって、
しかも全世界でもありうるとはどういうことなのか。これを認識論とし
て理解はできても、具体的には、どのような言葉がこのことを語りうる
のか。井筒はそのような言葉の例として禅の言葉、マラルメの象徴詩、
芭蕉の俳諧を挙げる。

　　「禅ではよく主客未分とか、主客の別を越えるとかいうが、これは主
　　（認識主体、「我」）と客（認識の志向するものとしてのもの、事物的世界）
　　を超越して遠い地平の彼方、茫漠模糊たる世界に行ってしまうという
　　ことではない。主と客とをそれぞれに主と客として成立させる可能性
　　を含みつつ、しかもそれ自体は主でも客でもない或る独特の『場』
　　の現成を意味する。主と客、我とものを二つの可能的極限として、そ
　　の間に張りつめた精神的エネルギーの場。それは今言ったように、そ
　　れ自体では主でもなく客でもない。ものでもないし、またそれを見て
　　いる我でもない。つまりそこには何もない。絶対無分別であり、絶対
　　無意味である。」

(井筒 1991:369-370 傍点原著)

　禅において、「絶対無分別」、「絶対無意味」は自由無礙に姿を変え、
「主」と「客」、「自」と「他」が区別された日常の世界として眼前に現
れる。眼前の「山」と「我」は「それぞれに主と客として成立」しな
がらも、「主でも客でもない或る独特の『場』」、つまり「絶対無分別」
（「無分節」）として存在する。禅の言葉はこの事に気付かせるための仕掛

134

けであって、「これを人間意識につきつけることによって、日常的意識をその極限に追いつめ、遂にはその自然的外殻を打ち破らせようとする手段」である。

> 「意味を考えに考え、遂に理性的思惟能力の限界点に至り、更に一歩を進めて絶対無意味の世界に主体的に飛躍した時、突如としてそこに悟りの境地がある。「無」という一つの意味的結晶体を通じてそれを無化しつつ自己を開示する―いわゆる「露出肝腸」―存在の本質的無限定性に実存的に出遭うのである。」　　　　　　　　　（井筒 1991:365）

つまり、さきほどの井筒の図で言えば、人間の意識を分節（Ⅰ）から「無分節」へと連れ出すための言葉が禅の言葉であって、それは「日常的理性の理解の圏外」にある（井筒 1991:364）。

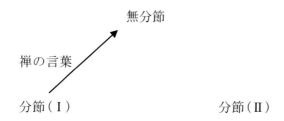

図9 禅の言葉における分節の構造

一方、マラルメは「無分節」における事物の「本質」を、そのままに直観しようとした詩人であったと井筒は言う。マラルメは、「個物の個体性を無化し、無化し尽くしたところに、『冷酷にきらめく星の光』のように浮かび上がってくる普遍的『本質』のすさまじい形姿」（井筒 1991:75）を言語化しようとした。

「この形而上的錬金術をなしとげる詩人（コトバの芸術家）マラルメの言語は、もはや日常の、人々が伝達（コミュニカシオン）に使用する言語（langage）ではなくて、事物を経験的世界で殺害して永遠の現実性の次元に移し、そこでその物の『本質』を実在的に呼び出す『絶対言語』（le Verbe）なのであ

第二部　生涯にわたる〈学習〉と〈言葉〉の諸相——自己と「他者としての世界」との狭間で

る。」(井筒　1991:78傍点原著)

　そこで用いられる言語は日常世界で使用される経験的事物の記号ではなくて、むしろ感覚的現実性を抹殺し、そのことによって「永遠に変わらぬ普遍的『本質』」を呼び出す根源的創造行為であり、井筒の図で言えば、「無分節」として直観された世界を「分節（Ⅱ）」の世界からそのままに言語化しようとする「鬼気迫る体験」であった。

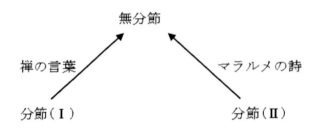

図 10　マラルメの詩における分節の構造

　これに対し、普遍的「本質」を直観把握しつつ、個体的「本質」と結びつけて言語化したのが芭蕉であると井筒は述べる。

　　「『松のことは松に習へ、竹のことは竹に習へ』と門弟に教えた芭蕉は、『本質』論の見地からすれば、事物の普遍的『本質』、マーヒーヤ、の実在を信じる人であった。だが、この『本質』を普遍的実在のままでなく、個物の個的実在性として直観すべきことを彼は説いた。いいかえれば、マーヒーヤのフウィーヤへの転換を問題とした。マーヒーヤが突如としてフウィーヤに転成する瞬間がある。この『本質』の次元転換の微妙な瞬間が間髪を容れずに詩的言語に結晶する。俳句とは、芭蕉にとって、実存的緊迫に充ちたこの瞬間のポエジーであった。」
　　　　　　　　　　　　　　　　　　　　　　　　　　(井筒　1991:57)

　「マーヒーヤ」とは事物の普遍的「本質」であり、先程の井筒の言葉を借りれば「真如」「フウィーヤ」とは分節の世界に顕れた「個物の個的実在性」である。そして「無分節」から「分節（Ⅱ）」へと「本質」

が次元転換して顕れるその瞬間を詠んだのが芭蕉の俳諧である。ここで言語は「無分節」から「分節（Ⅱ）」へのベクトルを持つことになる。

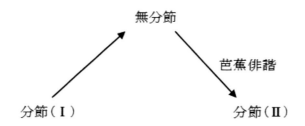

図 11 芭蕉俳諧における分節の構造

　そこで以降では、このような絶対無分節から分節（Ⅱ）へと世界が顕現する瞬間を捉えて、しかもその瞬間を日常的言語、分節的言語を用いて言葉にしたと評した芭蕉の言葉を以て、「無分節」の言葉について探ってみたいと思う。

第二節　「無分節」の言葉としての芭蕉俳諧

１．芭蕉俳諧における言葉

　井筒は「根源的存在次元」は芭蕉においては「物我一智之場所」という言葉で表わされると言う。[35]そしてこの「物我一智之場所」にこそものごとの普遍的本質、「本情」がある。

> 「一々の存在者をまさにそのものたらしめているマーヒーヤを、彼は連歌的伝統の術語を使って『本情』と呼んだ。千変万化してやまぬ天

35　「物と我と二つになりて」つまり主体客体が二極分裂して、その主体が自己に対立するものとして客観的に外から眺めることのできるような存在次元を仮に存在表層と呼ぶとして、ここで存在深層とは、この意味での存在表層を越えた、認識的二極分裂以前の根源的存在次元ということである。（井筒　1991:58）

第二部　生涯にわたる〈学習〉と〈言葉〉の諸相──自己と「他者としての世界」との狭間で

地自然の宇宙的存在流動の奥に、万代不易な実在を彼は憶った。『本情』とは個々の存在者に内在する永遠不易の普遍的『本質』。内在するといっても、花は花、月は月という『古今』的『本質』のように、事物の感覚的表層にあらわに見える普遍者ではない。事物の存在深層に隠れた『本質』である。」

（井筒　1991:58）

　しかし、芭蕉にとってはこの普遍的実在（マーヒーヤ）としての「本情」は、常に個物の個的実在性（フウィーヤ）として認識しなおされなければならない。「本情」は不断に表れるものではなく、ものを前にして突然「……の意識」が消える瞬間がある。そういう瞬間にこそものの「本質」がちらっと光るのだと井筒は説く。「物の見えたる光」のことである。この出会いの瞬間に、人とものとの間に一つの実存的磁場が現成し、人の意識は消え、ものの「本情」が自己を開示する。「物に入りて、その微の顕われる」ことである。すなわち、永遠不変の「本質」が、芭蕉的実存体験において、突然、瞬間的に、生々しい感覚性に変成して現れる。普遍者が瞬間的に自己を感覚化する、この一瞬の出来事を言葉にすることこそが、俳諧の修練であった。

「人とものとの、ただ一回かぎりの、緊迫した実存的邂逅の 場^{フィールド} のなかで、我々が初めから使ってきた用語法で言うなら、マーヒーヤがフウィーヤに変貌する。だが、すべては一瞬の出来事にすぎない。『物の見えたる光、いまだ心に消えざる中^{うち}にいひとむべし』と。『その境に入って、物のさめざるうちに取りて姿を究』めなければならないのである。」

（井筒　1991:60　傍点原著）

　修練は本質を見抜くことと、言葉にすることの二つに分かれる。たとえ本質を捉え得たとしても、それを言葉にしなければ俳諧にはなりえない。それゆえに俳諧の修練は「無分節」を表現しうる言葉の問題に集約してくる。いかに言葉の分節機能を取り払い、「無分節」となった意識で言語化するか、それは言葉にこだわる俳諧師である芭蕉にとっても最大の難問であった。

138

第六章　二重写しの〈言葉〉―〈学習Ⅲ〉― 自/他の往還

さて、それでは芭蕉にとっての「物我一智之場所」はどのように「言語化」されるのであろうか。ここではそれを芭蕉に即して見てみたい。

2. 芭蕉の「虚」と「実」

芭蕉は句作りには「成る」と「する」があるという。

> 「句作りに、成ると、するとあり。内をつねに勤めて、物に応ずれば、その心の色句となる。内をつねに勉めざるものは、成らざる故に、私意にかけてするなり。」
>
> （服部 1776:551）[36]

俳諧の道を志す者は、常に「高くこころをさとりて」、ものの「本情」を見究めなければならない。そして、そのように努めていれば、ものと出会った瞬間にふと心が動いて句ができる。句作りは「成る」ものであって、「する」ものではない。それは「私意」を離れることから始まる。

> 「『松の事は松に習へ、竹の事は竹に習へ』と、師の詞のありしも私意をはなれよといふ事なり。この習へといふ所を己がままにとりて、終に習はざるなり。習へといふは、物に入て、その微の顕れて情感ずるや、句と成る所なり。たとへ物あらはにいひ出でても、その物より自然に出づる情にあらざれば、物と我二つになりて、その情誠に至らず。私意のなす作為なり。」
>
> （服部 1776:547-548）

「私意」を離れ、「内をつねに勤めて」物に応ずれば、心が対象に入り込み、それが自ずと句となる。句ができても、自然に現れ出た感情や心でなければ、物と心が二つに分かれ、風雅の誠には至らない。それは私意から出た作意に過ぎない。

36　『三冊子』は芭蕉の弟子である服部土芳が師である芭蕉の発句の推敲過程や、門人の句に対する芭蕉の評などを記録したもの。なお、本稿では『三冊子』からの引用は、すべて『日本古典文学全集』（51）によった。

139

第二部　生涯にわたる〈学習〉と〈言葉〉の諸相——自己と「他者としての世界」との狭間で

> 「常風雅にゐるものは、思ふ心の色物となりて、句姿定まるものなれ
> ば、取物自然にして子細なし。」　　　　　　　　　（服部 1776:546-547）

　芭蕉はこのような、「心の色」が「物となりて、句姿」として定まる、
その働きを「虚に入りて実に至る」という。

> 「花を見る鳥を聞く、たとへ一句にむすびかね候とても、その心づか
> ひその心ち、これまた天地流行のはいかいにて、おもひ邪なき物な
> り。しかもうち得ていふ人にいはゞ、この心とこしなへにたのしみ、
> 南去北来、仁道の旅人と成て、起居言動に治まるを、虚に居て実に遊
> ぶとも、虚に入て実にいたるとも、うけたまはり侍る。」
>
> 　　　　　　　　　　　　　　　　　　　　　　　　（図司 1690:269-270）

　「虚」は「物と我」がひとつである「物我一智之場所」、井筒の言う
「根源的存在次元」である。芭蕉の弟子である各務支考は「虚・実」を
次のように説明する。[37]

> 「さて、天道の虚実といふは大なる時は天地の未開と已開にして小な
> る時は一念の未生と已生なり。」　　　　　　　　　（各務 1725:121）

　「虚」とは、天地がまだ具体的な姿を取っていないときの根源の姿
（未開）であり、我々の意識が生じる以前の未分化の状態（未生）、「実」
は天地の姿が定まった状態（已開）であり、意識が意識として形をとも
なった状態（已生）である。芭蕉においては、存在の根源的状態である
「虚」の次元で感得された「花」や「月」が、「実」へと現生する。そ
の限りにおいて「見る処（ところ）花にあらずといふ事なし、おもふ所

37　支考の俳論については、芭蕉の俳論との異同について検討がなされている
　　（『校本芭蕉全集 第九巻 評伝・年譜・芭蕉遺語集』及び、岩倉さやか『俳
　　諧のこころ——支考「虚実」論を読む』など）が、ここでは詳しくは踏
　　み込まない。また、支考の「虚先実後」論については、中森康之（1993）
　　「支考の方法——支考俳論用語〈先後〉——」連歌俳諧研究（84）　俳文学
　　会35-45頁を参照。

第六章　二重写しの〈言葉〉―〈学習Ⅲ〉―自／他の往還

月にあらずといふ事なし」（『笈の小文』松尾 1709:311）。この「虚」から
「実」に向かって働く言葉が俳諧であって、それは「実」を「実」のま
まに写し取ることでもなければ、「実」に「虚」の言葉を付け合わせる
ことでもない。あくまで「虚」の境地のままに「実」に届く言葉とし
て、支考の考える芭蕉俳諧は捉えられている。

　　　「虚に居て実をおこなふべし。実に居て虚にあそぶべからず。」

（各務 1719:62）

　全ての根源である「虚」は、井筒の言う「認識的二極分裂以前の根源
的存在次元」であり、「虚」からの働きかけが言葉という手段を取って
「実」へと姿を定めたものが俳諧である。以降、芭蕉の句作に即してこ[38]
のことを見てみよう。

3．芭蕉の俳諧

　　　「岩鼻や　ここにもひとり　月の客　　　　　　　　去来」

（向井 1775:433）[39]

　去来が「明月にそそのかされて、句を案じながら山野を歩いて」いる
ときに、「岩の鼻に一人の風流人（猿）がいる」のを見て此の句を詠ん
だ。ところが、酒堂に「客」は「猿」の方が勝っていると言われ、芭蕉
に教えを請うた。その時の芭蕉の答えが次の文章である。

　　　「先師上洛の時、去来曰、『酒堂は此句ヲ月の猿と申侍れど、予は客勝
　　　りなんと申。いかが侍るや』。先師曰、『猿とは何事ぞ。汝、此句をい
　　　かにおもひて作せるや。』去来曰、『明月に乗じ山野吟歩し侍るに、岩
　　　頭又一人の騒客を見付たる』と申。先師曰、『ここにもひとり月の客

38　「本より虚実は、心より出ておこなふ所は言語ならんをや。」『俳諧十論』
　　『蕉門俳話文集上』53頁
39　『去来抄』からの引用はすべて『日本古典文学全集』（51）によった。

141

第二部　生涯にわたる〈学習〉と〈言葉〉の諸相──自己と「他者としての世界」との狭間で

ト、己と名乗出らんこそ、幾ばくの風流ならん。ただ自稱の句となすべし。此句は我も珍重して、笈の小文に書入ける。』となん。」

(向井 1775:433)

（先師が京に上られたとき、私は「酒堂はこの句の下五を、月の猿、とするのが良いと申しますが、私は、月の客、がまさっていようと申しました。いかがでしょうか。」と尋ねた。先師は「猿とは何事だ。お前はこの句をどう考えて作ったのか」と問われた。私は「明月に誘われて、句を案じながら山野を歩いていますと、岩の端に一人の風流人がいるのを見て詠んだのです。」と答えた。先師は「ここにもひとり月の客として私がいるよ、と名乗り出たほうが、どれほど風流であるかしれない。直接自分を詠んだ自稱の句とするのがよい。この句は私も珍重して、笈の小文の中に書き入れておいた」といわれた。[40]）

　去来のこの句に、酒堂は古来の詩画を、去来は眼前の叙景を見ている。これに対して芭蕉は「みずからを岩頭にたたずむ騒客とし、冷たい月光を浴びる風狂の孤影に興じようと」している（向井 1775:434）。明月にどうしようもなく心を狂わされる猿はそのまま風狂人としての己の姿であり、猿と我に主客の区分はない。だが、その二つは決して融合して一体となっているわけではなく、「それぞれに主と客として成立」しながら、いつでも置換可能な二つとして認識されている。

　　「『花』は『花』でありながら『鳥』に融入し、『鳥』は『鳥』でありながら『花』に融入する。」

(井筒 1991:19)

　「実」の世界において、猿は猿でしかない。しかし、現前にあるその猿としての姿は「虚」が分化の働きをうけて「猿」として分節したものに過ぎず、その意味で「我」と本質的に同義である。「ここにもひとり」という措辞のなかで、「我」と「猿」、「自」と「他」が分離することなく、融合することなく、しかもいつでも自由に二者の間を往き来する存在として成立している。「虚に居て実をいふ」とき、俳諧は「虚実自在」

40　（　）内は筆者による現代語訳

第六章　二重写しの〈言葉〉─〈学習Ⅲ〉─自/他の往還

である。その例をもう一句見ておこう。

「 病鴈の　夜さむに落て　旅ね哉 」　　　　　　　（向井 1775:432）

（一羽の病雁が列を離れて夜寒の地上に降りた。その鳴き声を聞きながら私も
一人病む身を旅寝することだ。）

　旅寝をするのは、「病鴈」とも「我」とも取れる。もとより、「夜さむ
に落て」の「て」にその二重の意味が掛け合わされている。「茶屋与治
兵衛」あて書簡に「蜑の苫屋ニ旅寝を佗て風流さまざまの事共に御座
候」の前書きがあり[41]、芭蕉自身が病床にあったことがわかる。「秋の夜
の寒さが身にしみる旅の途中、一羽の雁が群れを離れて病の身を安らえ
ている。我もまた、病の身をほんの一時、旅の途中に横たえて共に孤愁
の思いを分かち合うことだ」というのであり、ここでも「雁」と「我」
は、「旅─孤─病」を分かち持つ「物我一智」の存在でありつつ、融合
した一つではなく、二重写しとしての二つである。

第三節　自我からの離脱としての〈学習Ⅲ〉と
　　　二重写しの〈言葉〉

　さて、ではこのような、芭蕉俳諧における「虚」「実」観、あるいは
「無分節の言葉」は、人間形成論との関わりの上、どのような意味を持
つのか、本節では二重写しとしての二つを西平の「東洋思想と発達研究
をつなぐチャート」に即して先程の図と絡めて考察してみる。

1．人間形成の視点から見た言葉

　西平は、井筒の上記の図に「分節（Ⅰ）以前」として母子未分化に象
徴される根源的な一体性の中にたゆたっている状態である「未分化」の

41　元禄三年九月二十六日　茶屋与治兵衛あて書簡。『校本芭蕉全集 第八巻 書
　翰篇』131頁（松尾 1690）

143

第二部　生涯にわたる〈学習〉と〈言葉〉の諸相——自己と「他者としての世界」との狭間で

ステージを加え、そこから「分節（Ⅰ）」へと至る過程を「子どもの発達」（ユングで言えば「自我確立のプロセス」）としている（図12）。これは「自我意識を形成してゆくプロセスであり、言語の枠組みに分節化された認識を獲得してゆくプロセス」でもある（西平2001:24）。

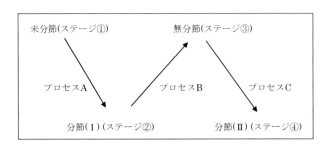

図12 東洋思想と発達研究をつなぐチャート(西平2001:23 図3をもとに引用者が改変)

　プロセスAは、「自己と他者が分化し、自我の意識が成立し、言語によって世界が分節化されてゆくプロセス」。そうしたプロセスAの終点が、分節（Ⅰ）であり、これは日常の世界である。言語という区切りによって無数の分割線を引き、それによって個々別々の事物を独立した実在と見る意識のことである。そして、「プロセスB」において意識における「世界の現れ方」が異なってくる。「言語によって分節化されていた区切りが解け始め、独立した実体としての境界線が消えてゆく。名づけがものを存在の場に呼び出したとすれば、今度は逆に、その『名』を剥がしてゆくプロセス、名を剥がし、区切りを弛め、ひとつのものとして固定する前の流動的な世界を回復してゆくプロセス」がある。ここでは自／他の境目が溶けていく。ステージ（3）は、そうした変容プロセスの終着点である。それは分節の消え失せた、境界線のない、個々に独立した事物が姿を消した状態と理解される。

　　「井筒は、この最も深まった状態を『意識と実在の究極的なゼロ・ポイント』と呼ぶ。その地点において、意識はもはや『何物かの意識』ではなく、絶対的に純粋な『意識そのもの』である。あるいは、それは『無』の意識ですらなく、むしろ『意識』は『無』と完全に同一に

第六章　二重写しの〈言葉〉—〈学習Ⅲ〉— 自/他の往還

なっている。」　　　　　　　　　　　　　　　　　　　（西平 2001:26）

　そして、先程芭蕉においてその具体相を見てきた、「無分節」から「分節（Ⅱ）」へのプロセスCを経て、ステージ④へと至る。プロセスCは「一旦『区切りなし（無分節態・ステージ（３））』に至った後に、あらためて『区切りの世界（分節態）』に戻ってゆく」プロセスであり、ここでは姿を失っていた個々の事物が再び姿を回復してくる。しかし、いったん「区切りなし」の無分節を体験した眼は、その境地を忘れることがない。現れつつある「区切りの世界」を見ながらも、その背後に「区切りなし」の境地を重ねて観る。つまり「二重写し」になる。その先のステージ（4）は「二重写し」の機能である。「区切りなしの世界」と「区切りのある世界」とを「二重に・重ねて」見る。そして、この二重写しの眼こそが、存在解体の後に人間形成を見直す鍵になると西平は言う（西平 2001:26）。

２．学習の三階型と言葉

　母子一体の「未分節」の状態から「分節（Ⅰ）」へ移行するプロセスA、西平の「自己と他者が分化し、自我の意識が成立し、言語によって世界が分節化されてゆくプロセス」は、ベイトソンの〈学習〉論で言えば、〈学習Ⅰ〉から〈学習Ⅱ〉への移行に該当する。そして、この移行は単に言葉による世界の分節化という以上に、その世界の「区切り方」の裏にある価値観や道徳的判断—コンテクスト—も共に学習するという意味で、人間形成上の意味を持っている。人間は成長の途上で、言葉を習得するが、そのときその言葉の持つ意味背景やその使われ方や法則、つまり、ものごとの「分節の区切り方」を同時に習得する。第一部でも述べたように、人間は言葉、または言葉と同様の働きをする身振り、表情、態度をつかって対象である「モノ」や社会に働きかけ、対象の意味を構成する。そのとき、言葉と結びついた論理的思考や、道徳的判断、社会的価値観も同時に個人の中に取り込まれる。そしてこれらが当該個人の、知識及び態度に関わる価値観を形成する。これが〈学習Ⅱ〉であり、〈学習Ⅱ〉の言葉は、身近な人との間のみで通じる感覚的言語であ

145

第二部　生涯にわたる〈学習〉と〈言葉〉の諸相——自己と「他者としての世界」との狭間で

る〈ゼロ学習〉の状態から、模倣の言語としての〈学習Ⅰ〉を経て、同じ感覚（sense）を共有していない相手にも通じる概念の言葉として獲得される。この概念の言葉はそれぞれの文化や価値観に沿って世界を切り分け、経験した事態を他者と共有するための言葉であってこれまでの学校教育、社会教育が担ってきた「学習言語」としてとらえることができる。

　ところが、メジローの項（第四章）で述べたように、人間は親や役割モデルのもつ道徳的判断や社会的価値観、また当該社会の制度や慣習の中で獲得した特定の習慣や信念、つまりそれまでの「分節の区切り方」が機能しなくなる事態に陥ることがある。この事態は、「他者」からもたらされた価値観を意識化し、自己が現在とらわれている規範を意識化することによって、自己の前提を客観的、相対的に見る視点を獲得する自／他の分離という〈学習Ⅱ〉の変容を要求する。〈学習Ⅱ〉の変容プロセスでは、人は子ども時代に無批判、無意識にとり込んだ規範的信念体系を批判的省察によって問い直すことを通して、学習者自身が世界をみる視点を変容していく。しかし、メジローへの批判の項でもみたように、学習者はいつも「対話的理性」によってこの事態を乗り越えて行けるわけではない。第五章でも述べたが、メジローの学習論は、個人を他者・社会・過去からいったん「分離」することによって個体化の発達をはかり、自己の価値観に潜む、意味図式を相対化することによって、「他者の反応や外的統制によらない自律的行動」を目指して行くものであり、その変容論は個人の発達・成長をめざした上昇モデルの中で展開されている。さらにそこで生じる変容も、幼少時に獲得した価値観の意識化によるアイデンティティの再編成という形をとるため、前後に連続性がある。これに対し、茂吉が歌に詠んだような、異質な他者がもたらす変容は、慣れ親しんだ既知の世界との断絶とアイデンティティ崩壊の危機を常に孕んでいる。それは他者との邂逅のみならず、事故や死といった否応ない偶発的な「出来事」としての「他なるもの」との邂逅がもたらす変容であって、個人の発達や成長といったモデルの中で論じることはできず、変容の前後に過去と現在との断絶・深淵が存在する。このような深淵、学習者の感じる自／他の疎外感が、〈学習Ⅲ〉を導く契

146

機となる。しかし、〈学習Ⅱ〉でも述べたようにいったん個人の内部に確立された物事の捉え方、事象のまとめ方（コンテクスト）を変革することは決して容易なことではない。そのため学習者の立つ位置は非常に不安定なものになり、さまざまな葛藤や不安が生じる。このとき、言葉は日常的な概念の言葉であり続けることができず、応答の不可能性の前に立ちすくむこととなる。

　そして、この深淵と混乱の中から立ち上がってくるのが、「無分節」の言葉である。この「無分節」の言葉は、上で述べてきた論に従うなら、根源的存在次元としての「虚」と「実」を往き来しつつ、普遍者が瞬間的に自己を感覚化した瞬間を日常の言葉でとらえるものであった。このとき、表現された個々の現象は、「分節（Ⅱ）」の世界において、現象としては分節しているのであるが、本質としては無分節の状態にある。ひとつの詩、一つの言葉がここでは「明らかにものを描」きつつ「それらのものが同時に我でもある」という「時間・空間の世界に、我とものの微妙な融和として展開する非時間的・非空間的根源存在の　場^{フィールド}の明歴々たる姿」として結晶する（井筒 1991:373　傍点原著）。そのとき、〈学習〉もまた、自己の前提を客観的、相対的に見る「個」としての分離独立といった「自」への拘泥から離脱し、自／他の存在を架橋し、自／他を往き来する〈学習Ⅲ〉の創造的展開（Bateson 1972=1987:436）へと深化している。

3. 〈学習Ⅲ〉の言葉としての芭蕉俳諧

　以上、芭蕉の俳諧を用いて、「無分節」から立ち上がる二重写しの言葉が持つ意味を見てきた。さて、それではそのような二重写しの言葉による〈学習Ⅲ〉とはどのような学習となりうるのか。最後にそのことを再び芭蕉によって確認してみたい。

　芭蕉は貞享四年十月、『笈の小文』の旅に出た。この紀行文に次の言葉がある。

　　　「しばらく身を立む事をねがへども、これが為にさへられ、暫ク学で愚を暁ン事をおもへども、是が為に破られ、つゐに無能無芸にして只

第二部　生涯にわたる〈学習〉と〈言葉〉の諸相——自己と「他者としての世界」との狭間で

此一筋に繋る。」『笈の小文』　　　　　　　　　　（松尾 1709：311）

（一度は世間並みの出世をしようと志を立てたこともあるのだが、俳諧への執
心のために妨げられ、また一時は出家して仏道を学んで己の愚かさをさとろ
うとしたけれどもやはり俳諧への思いのためにさえぎられて、とうとう無能
無芸のままにただ俳諧一筋につながることになってしまった）

　同様の言は『幻住庵記』にもあり[42]、芭蕉にとって俳諧という「一筋」
が、已むに已まれぬ必然としての「道」であったことがわかる。そし
て、その「道」は常に俗世と繋がっていた。

　「世道・俳道、是又齊物にして、二ツなき處にて御座候。」

（元禄四年二月二十二日　支幽・虚水あて書簡[43]）

　芭蕉に荘子や禅の影響がみられることはすでに指摘されている[44]。し
かし、荘子や禅が人智によるものごとの分別を否定し、「万物斉同」[45]、
「空」、つまり「無分節」である「根源的存在次元」へと向かうのに対
し、芭蕉の俳諧は、「無分節」から出て、「俗世」へと向かう。（「高くこ
ころをさとりて俗に帰るべし」服部 1776:546）。芭蕉にとって、俗世間を
生きる道と俳諧の道とは一つである。しかしそれは、融合し一体化し
た「一」ではなく、「無分節」と「分節（Ⅱ）」の間に横たわる深淵を認
識したうえでの、二重写しとしての「一」である。芭蕉の俳諧は「万物
斉同」の「根源的存在次元」へではなく、根源的「一」の次元からこの
「俗」の世界に向けて「二であり一でもある言葉」として顕現する。こ

42　「ある時は仕官懸命の地をうらやみ、一たびは仏籬祖室の扉に入らむとせ
　　　しも、たどりなき風雲に身をせめ、花鳥に情を労して、暫く生涯のはか
　　　り事とさへなれば、終に無能無才にして此一筋につながる。」『幻住庵記』
　　　『日本古典文学全集』（41）504頁

43　　芭蕉の書簡は全て『校本芭蕉全集　第八巻　書翰篇』（松尾 1690-1694
　　　[1964]）から引用した。

44　『日本古典文学全集』（41）9頁（井本 1972）、『校本芭蕉全集　第八巻　書翰
　　　篇』他

45　「天地も我れと並び生じ、而して万物も我れと一たり」『荘子』斉物論篇 67
　　　頁

第六章　二重写しの〈言葉〉—〈学習Ⅲ〉— 自／他の往還

の時、眼前の花は、花であることを超えて我と置換可能な「二であり一
でもある」存在として認識されるものとなる。

　　　「古しへより風雅に情ある人々は、後に笠をかけ、草鞋に足をいため、
　　　破笠に霜露をいとふて、をのれが心をせめて、ものの実をしることを
　　　よろこべり。」『許六を送る詞』[46]

　　　　　　　　　　　　　　　　　　　　　　　　　　　　　（松尾 1693:543）

　芭蕉にとっての修練はこのように、「ものの実」の姿を「心をせめて」
つかみ取ること、そして一瞬見えたそれを言葉であらわすことであっ
た。「無分節」と「分節（Ⅱ）」、その往還のなかに「ものの実」を垣間
見ること、それが芭蕉にとっての〈学習Ⅲ〉であったと言い換えてもよ
い。そして、芭蕉が「心をせめて」たどりついた「ものの姿」を寺田寅
彦は次のように表現している。

　　　「かくして得られた人間世界の本体はあわれであると同時に滑稽で
　　　あった。この哀れとおかしみとはもはや物象に対する自我の主観の感
　　　情ではなくて、認識された物の本情の風姿であり容貌である。」

　　　　　　　　　　　　　　　　　　　　　　　　　　　（寺田 1948:270-271）

　「認識された物の本情」としての「あわれさ」と「滑稽さ」、それは
「無分節」の前に横たわる深淵を見た後で見えてくる俗の世界のはかな
さの感得と、そのはかなさを客体視する視線の交錯の中に存在する。寺
田はこのような芭蕉俳諧の在り方を「格を定め理を知る境界からさら

――――――――――――――――――――――――――――――――
46　「許六を送る詞」は弟子である森川許六に芭蕉が送った餞別文。『日本古典
　　文学全集』（41）543頁。

149

第二部　生涯にわたる〈学習〉と〈言葉〉の諸相——自己と「他者としての世界」との狭間で

に進んで格を忘れ理を忘るる域に達する」[47]（事物の定理を追究することによって知的判断力を高める段階から、事物の定理を忘れる段階へと至る）[48]と表現している（寺田 1948:257）。最後に再び芭蕉の句によってそのことを確認しておこう。

　　「又、酒堂が予が枕もとにていびきをかき候を

　　床に来て　鼾に入るや　きりぎりす」

　　　　　　　　　　　　　（元禄七年九月二十五日　正秀宛書簡）

　芭蕉が死の十数日前に、正秀宛の書簡に書きつけたもの。病床に伏せっていると、弟子の酒堂が枕もとに来て、看病の間に寝入ってしまった。芭蕉自身は眠れないでいるが、看病に来ているはずの酒堂は気持ち

47　「俳諧はわが国の文化の諸相を貫く風雅の精神の発現の一相である。風雅という文字の文献的起原は何であろうとも、日本古来のいわゆる風雅の精神の根本的要素は、心の拘束されない自由な状態であると思われる。思無邪であり、浩然の気であり、涅槃であり天国である。忙中に閑ある余裕の態度であり、死生の境に立って認識をあやまらない心持ちである。「風雅の誠をせめよ」というは、私を去った止水明鏡の心をもって物の実相本情に観入し、松のことは松に、竹のことは竹に聞いて、いわゆる格物致知の認識の大道から自然に誠意正心の門に入ることをすすめたものとも見られるのである。この点で風雅の精神は一面においてはまた自然科学の精神にも通うところがあると言わなければならない。かくのごとく格を定め理を知る境界からさらに進んで格を忘れ理を忘るる域に達するを風雅の極致としたものである。この理想はまた一方においてわが国古来のあらゆる芸道はもちろん、ひいてはいろいろの武術の極意とも連関していると見なければならない。また一方においては西欧のユーモアと称するものにまでも一脈の相通ずるものをもっているのである。「絞首台上のユーモア」にはどこかに俳諧のにおいがないと言われない。」　　　　　　　（寺田 1948:257）

48　「格物致知」には朱子学のいう「自己の知識をその極にまで推し究める」という意と陽明学で言う「格物において自己の良知を練磨発揚すること。」（大辞林）とあるが、「科学は孔子のいわゆる「格物」の学であって「致知」の一部に過ぎない。しかるに現在の科学の国土はまだウパニシャドや老子やソクラテスの世界との通路を一筋でももっていない。芭蕉や広重の世界にも手を出す手がかりをもっていない」（「科学者とあたま」『寺田寅彦随筆集　第四巻』）という一文によれば、寺田は朱子学の方の意味で捉えている。

第六章　二重写しの〈言葉〉—〈学習Ⅲ〉— 自／他の往還

よく鼾をかいて眠ってしまっている。その声に合わせるようにキリギリ
スが床の近くで鳴いている。病床の我のもとに人居を懐かしむように
キリギリスが来、同じく我のもとにやってきた酒堂のいびきとその音を
争っている。その事態のおかしさといのちの温かさ、生きているものへ
の懐かしさ。それが、俳諧のおかしみであり寂しさであろう。そこにあ
るのは茂吉の項でみたような「命のはかなさ」に対するひたすらな嘆き
ではない。我と我の感情をいったん「虚」の世界に置き、その「虚」の
世界から「実」をみるとき、もののあわれさを感じ取る主体としての感
情と理性によって我を客体化する視線の両方がともに生じている。それ
が〈学習Ⅱ〉としての理性による自／他の分離のあとに、〈学習Ⅲ〉が
到達する〈学習〉の究極の姿であったように思われる。

49　キリギリスは、七月には野にあり、八月には軒にあり、季節の進行ととも
　　に人居近くにやってきて、やがて人が寝ている床に来て鳴くものである。
　　『詩経国風』（吉川　1958:272-273）

151

結　変容する学習のプロセスと言葉の生成

　第一部では、人間の学習を、学習者がコミュニケーションを通して社会の文脈（コンテクスト）を獲得し、理解し、転換していく行為と捉えるベイトソンの学習階型論を用いて、学習を「他者としての世界」とどう向き合うかという観点から考察してきた。そして、第二部では人間が言葉を習得する生涯にわたる学習のプロセスを、芭蕉俳諧が行き着いた言葉の次元をも含めて理解しようとした。最後に第一部で見たような変容をもたらす〈学習〉が人間の生涯においてどのように位置づけられるのかを、第二部でみた〈言葉〉の諸相と重ね合わせる形で整理したいと思う。

結　変容する学習のプロセスと言葉の生成

1. 自／他関係の変容と学習の三階型に対応した言葉の諸相

　前述のように西平は、「人間形成の問題を存在論的・実存論的な根底から構築する枠組み」として井筒の研究を取り上げ、東洋思想の中に「人生後半の午後」における「自我」からの離脱という課題への探求を見てきた。他方で、西平は子どもの発達は自我意識を形成していくプロセスであり、自／他の同一化という「未分節状態が言語によって分節」されていくプロセスである、と述べていた。ここでは、この西平の「東洋思想と発達研究をつなぐチャート（図12）」を下敷きとして、学習の三階型に対応した〈言葉〉の生成プロセスを整理してみる。

　第一章及び第四章でもみたように、人の学習はまず乳幼児における刺激に対する反応としての〈ゼロ学習〉からはじまる。続く幼少年期において、学習は、親や役割モデルの模倣を通して、言葉、または言葉と同様の働きをする身振り、表情、態度を学ぶという〈学習Ｉ〉へと移行する。〈学習Ｉ〉では、言葉と共に親や役割モデルのもつ道徳的判断や社会的価値観、また当該社会の制度や慣習が個人の中に取り込まれ個人のsenseを形成する（第三章参照）。このプロセスは前述の西平のチャート（図12）で言えば、母子未分化という根源的な一体性の状態である「未分節」のステージから「分節（Ｉ）」へと至るプロセスであり、「自我意識を形成してゆく子どもの発達のプロセス」であった。このとき、使用される言葉は母親や身近な保護者から「外言」として与えられ、「内言」として個人のうちにとりこまれて、個人の思考を形づくるための道具となる。つまり、ここでの言葉は親や身近な保護者の「模倣」の言葉であり、自／他の関係性は一体化を脱し、同化へと向かっている。

50　更に西平は「自我」、「自己」、「わたし」の用語について、エリクソンによる区別を次のように述べている。「ごく簡単に言えば、自我の相手役は『イドとスーパーエゴ』ならびに『環境』」、「自己のそれは『他者たち（“the others”）』」、そして、「〈わたし〉のそれは『厳密にいえば神なるもの（the deity）』のみである」（西平直 1993『エリクソンの人間学』東京大学出版会 229頁）。この区別に従えば、文中のそれぞれの「自己」は「自我」、「自己」、「わたし」に置き換えられるように思われるが、このことについてはまた稿を改めて考察したい。

154

〈学習Ⅰ〉では、言葉の「模倣」を通じて、親や社会から与えられた規範も共に個人の中に取り込まれていくのだが、この言葉と共にとりこまれる親や役割モデルのもつ道徳的判断や社会的価値観、また当該社会の制度や慣習をメジローは「意味スキーム」と呼んでいた（第四章）。そして、このひとつひとつの「意味スキームは体系化することによって「意味パースペクティブ」を形成する。これがベイトソンの言う〈学習Ⅱ〉であった。「意味スキーム」の体系化には、一般化、抽象化が必要であり、この学習で必要とされるのは事項を一般化・抽象化するための「概念」の言葉である。このことは第二章で社会文化的に構成された「個人的意味sense」が一般化された抽象的な「社会的意味meaning」を形作っていく過程として見てきた。そして、子どもから大人への移行期である青年期は、自我が幼少年期に同一化したこれら多数の同一性の中から、自分にふさわしいもの、自分のものとして肯定しうるものを、あらためて自覚し選択し直す時期であった。つまり、〈学習Ⅱ〉での自／他の関係性は同一化から分化へと向かっている。このとき、自分の「意味スキーム」と親あるいは身近な他者の信念である「意味スキーム」との間に齟齬がなく、「意味パースペクティブ」の変容を必要としない場合は〈学習Ⅱ〉はそれまでの「意味スキーム」を改めて選択し、その背後にある「意味パースペクティブ」を強化する方向に働く。しかし、青年期にアイデンティティの危機を迎え、「意味パースペクティブ」の変容を迫られる学習者には、〈学習Ⅱ〉で獲得した「意味パースペクティブ」を確認し、省察するという〈学習Ⅱ〉の二段階目が必要となる。ここで学習者は理性的対話を通して、自らが獲得した「意味パースペクティブ」が特定の誰かの関心や利害に沿って歪められていないかを社会的、文化的、政治的なコンテクストとの関係で批判的に分析してその妥当性を検証し、そうすることによって行為主体として世界と関わることができるようになる（その点で学習は第二章で見た「クリティカルな学習」としての側面を持つ）。そして、そのためには、過去の私が「主体として」見てきた世界を「客体として」捉え返す必要がある（これは同じく第二章で見た「ナラティヴな学習」の持つ側面である）。そして、この世界を「客体」として捉え返すためには、自己と他者の分離・独立といっ

結　変容する学習のプロセスと言葉の生成

た学習が必要となる。この自／他の癒着した同一化から自／他を分離させていく言葉、それが省察の言葉、理性の〈言葉〉であった（第四章参照）。

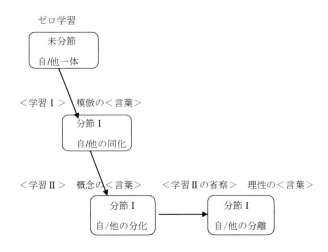

図13　自／他分化へ向かうベクトルと学習の三階型に対応した言葉の諸相

　ここまでの学習プロセス、ゼロ学習から〈学習Ⅱ〉、そして〈学習Ⅱ〉の省察へと向かうプロセスは第四章でも見たように連続しており、その方向も自／他の分離によって個の確立を目指すという「西洋的理性」による右肩上がりの発達曲線の中で捉えられている。
　これに対し、「分節（Ⅰ）」から「無分節」へと我々を押し出すのが、茂吉が歌に詠んだような異質な他者、事故や死といった否応ない偶発的な「出来事」としての「他なるもの」との邂逅がもたらす変容である。この時〈学習Ⅱ〉で獲得した「概念」の言葉は自／他の断絶の中で無力化し、分節の言葉は喪失される。そして、この言葉の喪失と、自／他の間の深い深淵の自覚が「自／他を包み込む世界」への希求を生む。この過程で生まれる言葉は「日常的理性の理解の圏外」にある「模索」の〈言葉〉であって、人間の意識を「分節（Ⅰ）」から「無分節」へと連れ出すための禅の言葉と同様のベクトルを持っている。
　そしてこの「無分節」へのプロセスが、二重写しとしての「無分節」

の言葉を生み出す。芭蕉俳諧にその事例を見たこの「無分節」の言葉は、根源的存在次元としての「虚」と「実」を往き来しつつ、ものの本質が日常世界に顕現した瞬間をとらえるものであった。このとき、言葉は、「無分節」と「分節」を往き来しつつ、「自」でもあり「他」でもあるという現象を表現する二重写しの言葉として表される。「分節（Ⅱ）」において「自」と「他」は分離することなく、融合することなく、しかもいつでも自由に二者の間を往き来する。そして、そのとき学習もまた、〈学習Ⅱ〉における自己への拘泥から離脱し、自／他の存在を架橋し、自／他を往き来する〈学習Ⅲ〉へと深化している。

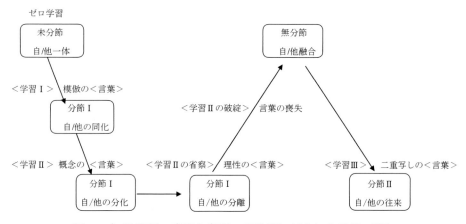

図14　自／他関係の変容と学習の三階型に対応した言葉の諸相

2．成果と残された課題

以上本稿全体の考察を踏まえ、生涯にわたる学習の中で自己と他者との関係性が変容していくプロセスを学習の三階型と関連づけて捉え、それぞれの学習で生じる〈言葉〉の諸相と重ね合わせる形で整理した。それによって、二つの課題、「人間の生涯にわたる学習の変容のプロセスを、時間や場所による学習機会の保障という意味での生涯学習の概念を超えた次元で描き出すこと」および、「自／他の関係性の変容の中で成

立してくる言葉の働きを学習との連関の中で描き出すこと」への答えとした。

　最後に本稿の意義を、高等学校で言葉の学習に携わる筆者の実践的関心に基づいて、三点にまとめておきたい。

　１）既存の学習観を超える学習観をベイトソンの〈学習Ⅲ〉の概念の中に捉え、そこへ至る学習のプロセスを明らかにした。

現行の学校教育、社会教育における学習はその多くが共同体のmeaningの獲得へとむけられている。本稿ではそのような学習観に対し、共同体のmeaningを個人のsenseと対峙させながら対話によって新たなmeaningと新たなsenseを獲得していく学習観を提示した。そして、生涯にわたる学習の変容プロセスをベイトソンの学習の三階型と関連付けて、〈学習Ⅰ〉から〈学習Ⅲ〉へと至るプロセスとして描き出した（図６参照）。さらに、〈学習Ⅲ〉へ至る道筋は自／他の分離に向けた西洋近代的な理性によって連続的に導かれるものではなく、他者との断絶や破綻といった偶有的な出来事を契機とした自／他融合の中から生まれて来ることを明らかにした。

　２）生涯にわたる学習の中で青年期の学習が持つ意味を明らかにした。

学習を１）のような生涯にわたる変容プロセスの中で捉えたとき、青年期特有の課題は、それまでの人生ですでに獲得した模倣の〈言葉〉及び概念の〈言葉〉を理性の〈言葉〉で省察し、自／他を分離し、個（自我）を確立していくことにある。この自／他の分離のプロセスを経ることによって、「学習Ⅱ」の破綻に遭遇した時にも、自／他一体の「未分節」へと逆行することなく、自／他融合の「無分節」へと向かい、自／他の分離を前提とした二重写しの〈言葉〉へと至ることができる（図14 参照）。そのような「未分節」と「無分節」の境界に位置するプロセスとして、青年期の対話的理性の学習が持つ意味と重要性を明らかにした。

　３）価値観の破綻の後に人間の学習が辿り着くことのできる〈学習Ⅲ〉の具体相を、分節の言葉を超えた言葉としての短歌や俳諧の言葉によって描き出した。

〈学習Ⅱ〉までで獲得した分節の言葉が喪失されたあとに、その日常の世界の崩壊を詠う異化の言葉としての短歌がありうること、また、日常の社会的意味から離れることなく同時にそこに物事の根源的存在次元を見る目を重ね合わせることによって、日常の世界にもう一つの世界を現出させてみせる「二重写しの言葉」としての俳諧の言葉がありうることを示した。そこに、短歌や俳諧を学ぶことの、既存の言語学習論では十分に論じられてこなかった意義を示唆することができた。

　一方で残された課題についても述べておきたい。

　まず、本稿では､あえてベイトソンとメジロー、ガーゲンとエンゲストロームのいう学習階型論を俯瞰して、その共通する概念を取り出してきた。そのために、それぞれの学習論の詳細な分析や差異の検討ができていない。特にベイトソンとメジローの学習の三階型については、本稿の中でもふれたように、明らかな差異が存在するが、それがどのような経緯と認識の違いによるものなのかは今後更に考察される必要がある。

　また、上記の日常を異化する言語としての短歌や俳諧を、本稿の中では斎藤茂吉や芭蕉を例にしたが、他の詩歌や短歌・俳諧などの中ではどのように見て取ることができるのか、またそれらにはどのような違いがあるのかについて考察していく必要がある。[51] さらに、このような異化としての言語の役割は、リクール（Ricoeur, P.）やロシア・フォルマリズムの言う詩的言語としての関わりを持つと思われるが、本稿ではその関連については検討できなかった。象徴としての言語の役割も併せ、この詩的言語が持つ意味については今後考察を深めていきたい。

　その上で青年期の学習に関わるものが直面しているより現代的な課題として、インターネットの世界における「他者」と「言葉」の関わりについての考察が課題として残されている。広田照幸は、現代の社会における「他者」との関わりが「社会的に共通な特徴を持ち、親密な関係を築きうる人たちだけの、うち解けたコミュニティ」への人々の志向を持

51　東北大震災の後、俳人の長谷川櫂は俳人でありながら、震災後には俳句が作れず、何故か短歌ばかりが浮かんできたと語っている（朝日新聞 2012年 2 月22日）。俳句と短歌の性質の差異が窺える言葉である。

つことを指摘している（広田 2004:54）。広田のこの「うち解けたコミュニティ」とは大澤真幸（1996）の言葉を借りて『小さな物語』を共有する共同体と言い換えることもできる。大澤は我々が生きるこの社会の特徴を、人々がもはや、共通の「大きな物語」を追い求めることをやめて、それぞれが個人の趣味や嗜好といった「小さな物語」を追い求めている時代だと考えている。顔の見えない世界で展開されるインターネットの世界では、近年激しい個人攻撃や、反人権キャンペーンが張られるようになってきている。ツイッターやフェイスブックは本来コミュニケーションのツールとして存在するものだが、実際にはそこで「他者」の意見に応答するという本来の意味での「対話」が交されることはほとんどなく、一方的な自己主張が並んでいることが多い。しかも交わされる短いやり取りは感覚的言葉のみで形成されていることが多く、相手の意見はその人格との区別がなされずに、ひとつの意見の否定は直ちに相手の人格の否定へとつながっている。そして、その延長線上に在日外国人、被差別部落出身者、「障害」を持つ人、ホームレス等「自分とは異なる他者」への全人格的な否定が存在している。このようなネット言語が構成している「他者」との関わりを上記の図の中にどのように書き込むことができるか、そしてどのような「言葉」がインターネットにおける「異質な他者」との関わりを作り上げていくことができるのか、その考察を残された課題としてあげておきたい。

〈引用文献〉

- 赤尾勝己（1985）「教育管理の社会的基底に関する一考察: 近代公教育への批判的視座を求めて」慶應義塾大学『哲學』(80) 149-172頁
- 赤尾勝己編（2004）『生涯学習理論を学ぶ人のために』世界思想社
- 秋山薊二（2003）「社会構成主義とナラティヴ・アプローチ―ソーシャルワークの視点から」『関東学院大学人文科学研究所報』(27) 3-16頁
- 芥川龍之介（1924）〔1996〕「僻見」『芥川龍之介全集 第十一巻』岩波書店
- 石谷克人（1994）「オタマジャクシのしっぽは消えて、どこへ行った?」『ひと』太郎次郎社（258）32-38頁
- 石戸教嗣（2003）『教育現象のシステム論』勁草書房
- 井筒俊彦（1991）『意識と本質 精神的東洋を索めて』岩波文庫
- 井筒俊彦（2001）『東洋哲学覚書 意識の形而上学「大乗起信論」の哲学』中公文庫
- 井本農一・堀信夫・村松友次校注（1972）『日本古典文学全集』(41) 小学館
- 内山節（1988）『自然と人間の哲学』岩波書店
- 大澤真幸（1996）『虚構の時代の果て――オウムと世界最終戦争』ちくま新書
- 岡本祐子（2002）『アイデンティティ生涯発達論の射程』ミネルヴァ書房
- 各務支考（1719）〔1929〕『俳諧十論』勝峯晋風編『蕉門俳話文集上』春秋社
- 各務支考（1725）〔1899〕『十論為弁抄』巌谷小波校訂『続俳諧論集』博文館
- 加藤周四郎（1938）〔1983〕「教室的良心の行方―― 一つの自己吟味として」復刻版『生活学校』(7) 児童の村生活教育研究會編輯 日本読書刊行会
- 金谷治 訳注（1971）『荘子』岩波書店
- 河合亨（2012）「ボランティア活動への参加によって学生の学習がどう異なるのか: 全国大学生調査の分析から」『ボランティア学研究』(12) 91-102頁
- 貫戸朋子（2000）『国境なき医師団: 貫戸朋子』中央出版
- 岸 磨貴子・久保田 賢一（2009）「メディアを活用した交流学習が与える影響: 青年海外協力隊員とのメール交換を事例に（〈特集論文〉授業とメディア)」『教育メディア研究』15 (2)、1-13頁
- 北杜夫（1991）『青年茂吉「赤光」「あらたま」時代』岩波書店
- 黒谷和志（2001）「教育実践における批判的リテラシーの形成――パウロ・フレイレの再評価をめぐって」『広島大学大学院教育学研究科紀要第三部』(50) 249-256頁

- 黒谷和志（2007）「社会文化的アプローチからみたリテラシー教育の展開と課題」『北海道教育大学紀要』（58）237-248頁
- 小泉博明（2011）「斎藤茂吉と病者との共生」『文京学院大学外国語学部文京学院短期大学紀要 第10号』191-205頁
- 小林恭二（2000）「解説」『赤光』新潮社
- 近藤芳美（1970）「『朝の蛍』『赤光』『あらたま』」『日本近代文学大系』月報（３）第43巻付録 角川書店
- 斎藤茂吉（1973a）『斎藤茂吉全集 第一巻』岩波書店
- 斎藤茂吉（1973b）『斎藤茂吉全集 第九巻』岩波書店
- 斎藤茂吉（1974a）『斎藤茂吉全集 第六巻』岩波書店
- 斎藤茂吉（1974b）『斎藤茂吉全集 第三十三巻』岩波書店
- 斎藤茂吉（1975a）『斎藤茂吉全集 第四巻』岩波書店
- 斎藤茂吉（1975b）『斎藤茂吉全集 第七巻』岩波書店
- 坂本磯穂（1938）「生活教育獲得の拠点」 復刻版『生活学校』（７）児童の村生活教育研究會編輯 日本読書刊行会 36-40頁
- 桜井厚（2002）『インタビューの社会学　ライフストーリーの聞き方』せりか書房
- 桜井厚（2005）『ライフ・ストーリーインタビュー　質的研究入門』せりか書房
- 佐藤国雄（1991）『人間教育の昭和史「山びこ」「山芋」』朝日新聞社
- 佐藤学（1995）「学びの対話的実践へ」『学びへの誘い』東京大学出版会
- 佐藤学（2006）『学校の挑戦――学びの共同体を創る』小学館
- 澤田稔（2009）「〈脱自〉としてのカリキュラム：バフチン言語哲学による「個性」概念の再検討」『名古屋女子大学紀要55人・社』49-58頁
- 品田悦一（2010）『斎藤茂吉』ミネルヴァ書房
- 篠弘（2012）「『深処の生』を求めて」『短歌』五月号　角川学芸出版
- 庄井良信（2002）「臨床教育学の〈細胞運動〉――ネオモダン・パラダイムから教育の臨床知への軌跡（特集：教育における臨床の知）」『教育学研究』69（４）442-451頁
- 庄井良信（2005）「コラボレーションの発達援助学」『フィンランドに学ぶ教育と学力』 明石書店
- 末永ひみ子（2008）「特別活動における子どもの自主性を育む教師の役割」『工学院大学共通課程研究論叢』46（１）77-86頁
- 図司呂丸（1690）〔1967〕「『聞書七日草』抄」荻野清・今榮蔵校注『校本芭蕉全集 第九巻』角川書店

引用文献

- 鈴木貞美（2010）「西田哲学の意味——地球環境が問われる時代に」
- （「日本文化——その価値観の多様性：西田幾多郎生誕百四十周年記念シンポジウム」基調報告　ワルシャワ大学　ポーランド日本学会）　国際日本文化研究センター
- 田原裕登志（2005）「相互教授が小学生の電流概念の変容に及ぼす効果とそのプロセス」『教育心理学研究』53（4）551-564頁
- 田中綾（2011）「短歌という器の可能性——〈私〉性、伝統詩言説を逆手にとり—」『社会文学』「詩的言語の可能性」日本社会文学会（34）57-67頁
- 田中智志（2002）『他者の喪失から感受へ　近代の教育装置を越えて』勁草書房
- 谷富夫 編（1996）『ライフ・ヒストリーを学ぶ人のために』世界思想社
- 塚本邦雄（1977）『茂吉秀歌「赤光」百首』文芸春秋
- 寺田寅彦（1948）「俳諧の本質的概論」『寺田寅彦随筆集　第三巻』岩波文庫 岩波書店
- 常葉-布施美穂（2004a）「『成人』の学習論再考——メジロー理論の中の「女性の学習」に注目して——」『日本の社会教育第48集』85-97頁
- 常葉-布施美穂（2004b）「自己変容学習——J. メジローの理論をめぐって」
- 赤尾勝己『生涯学習理論を学ぶ人のために』世界思想社 87-114頁
- 永井健夫（1989）「認識変容としての成人の学習——J. Mezirowの学習論の検討——」『東京大学教育学部紀要』第29巻 331-339頁
- 永井健夫（1991）「認識変容としての成人の学習（Ⅱ）——学習経験の社会的広がりの可能性」『東京大学教育学部紀要』第31巻 291-300頁
- 西平直（1993）『エリクソンの人間学』東京大学出版会
- 西平直（2001）「東洋思想と人間形成——井筒俊彦の理論地平から」『教育哲学研究』（84）19-37頁
- 野口裕二（2002）『物語としてのケア——ナラティヴ・アプローチの世界へ』医学書院
- 野口裕二（2005）『ナラティヴの臨床社会学』勁草書房
- 野口裕二（2007）「ナラティヴとは何か」『インターナショナルナーシングレビュー』（30）:16-20
- 服部土芳（1776）〔1973〕『三冊子』伊地知鐵男・表章・栗山理一校注『日本古典文学全集』（51）小学館
- 平岡さつき（2005）「生活教育論争における〈教育目標・評定尺度〉問題」『上田女子短期大学児童文化研究所所報』（27）27-42頁
- 広田照幸（2004）『教育』岩波書店

- 細見和之（1999）『アイデンティティ／他者性』岩波書店
- 毎日新聞社編（1992）『全国高校生の主張』毎日新聞社
- 松尾芭蕉（1690）〔1972〕『幻住庵記』井本農一・堀信夫・村松友次校注『日本古典文学全集』（41）小学館
- 松尾芭蕉（1690-1694）［1964］『書翰篇』荻野清・今榮蔵校注『校本芭蕉全集第八巻』角川書店
- 松尾芭蕉（1693）〔1972〕『許六を送る詞』井本農一・堀信夫・村松友次校注『日本古典文学全集』（41）小学館
- 松尾芭蕉（1709）〔1972〕『笈の小文』井本農一・堀信夫・村松友次校注『日本古典文学全集』（41）小学館
- 松本大（2006）「状況的学習と成人教育」『東北大学大学院教育学研究科研究年報』第55集第1号219-232頁
- 向井去来（1775）『去来抄』伊地知鐵男・表章・栗山理一校注（1973）『日本古典文学全集』（51）小学館
- 谷沢永一（1985）『新潮日本文学アルバム　斎藤茂吉』新潮社
- 安川由貴子（2009）「認識の変容にかかわる学習論の考察――Ｊ.メジローの自己変容学習論からG.ベイトソンを読む――」『京都大学生涯教育学図書館情報学研究』vol.8 11-28頁
- 柳田邦男（2011）『生きなおす力』新潮社
- 矢野洋 編（1989）『部落解放教育と集団作り―大阪の実践を中心として―』明治図書
- 山住勝広（2004）『活動理論と教育実践の創造　拡張的学習へ』関西大学出版部
- 山崎ゆき子（2014）「ユネスコにおける生涯学習概念の再検討――フランスの教育改革を視野に入れて――」『神奈川県立国際言語文化アカデミア紀要』（3）1-15頁
- 吉川宏志（2005）「あらたま」『国文学解釈と鑑賞』9月号 至文堂
- 吉川幸次郎（1958）『中国詩人選集　第二巻　詩経国風下』岩波書店
- 吉田敦彦（1999）『ホリスティック教育論―日本の動向と思想の地平』日本評論社
- 吉田敦彦（2007）『ブーバー対話論とホリスティック教育――他者・呼びかけ・応答』勁草書房
- 若松英輔（2011）『井筒俊彦　叡智の哲学』慶應義塾大学出版会

引用文献

- Arendt, H.（1958） The Human Condition, 2nd Ed., The University of Chicago Press. = 1994『人間の条件』志水速雄訳　筑摩書房

- Arendt, H.（1968） Between Past and Future, Penguin Books = 1994「過去と未来の間——政治思想への8試論」『教育の危機』　引田隆也・斎藤純一共訳　みすず書房

- Бахтин, М. М. Автор и герой в эстетической деятельности = 1999「美的活動における作者と主人公」『ミハイル・バフチン全著作第一巻』伊東一郎・佐々木寛訳　水声社

- Bateson,G.（1972） Steps to an Ecology of Mind, University of Chicago Press = 1986-1987『精神の生態学』上・下　佐伯泰樹・佐藤良明・高橋和久訳　思索社

- Выготский, Лев Семенович（1934） Мышление и речь. М-Л = 2001『新訳版 思考と言語』柴田義松訳 新読書社

- Выготский, Лев Семенович（1935） Умственное развитне в процессе обучения. М-Л = 1975『子どもの知的発達と教授』柴田義松・森岡修一訳 明治図書

- Выготский, Лев Семенович（1935） Умственное развитие ребнка в процессе обучения, Государственное учебно–педагогическое издательство. М-Л = 2003『「発達の最近接領域」の理論——教授・学習過程における子どもの発達』土井捷三・神谷栄司訳 三学出版

- Brown, A. L., & Campione, J. C.（1994）Guided Discovery in a Community of Learners: K.McGilly（ed.）Integrating Cognitive Theory and Classroom Practice; Classroom Lessons, 229-72, Cambridge, MA: MIT Press/Bradford Books.

- Daniels, H.（2001）Vygotsky and Pedagogy：.Routledge Falmer, London = 2006『ヴィゴツキーと教育学』山住勝広・比留間太白訳 関西大学出版部

- Engeström, Y.（1987） Learning of Expanding : An Activity-Theoretical Approach To Developmental Research. Helshinki: Orienta-Konsultit.=1999『拡張による学習——活動理論からのアプローチ』山住勝広・松下佳代・百合草 禎二・保坂裕子・庄井良信・手取義宏・高橋登訳 新曜社

- Engeström, Y.（2006） Development, Movement and Agency: Breaking awayinto Mycorrhizae Activities. Building Activity Theory in Practice: CHATKansai University.

- Erikson, E. H.（1959）Identity and the life cycle, International Universities

Press= 2011『アイデンティティとライフサイクル』西平直 中島由恵訳 誠信書房

- Freire, P. (1968) Educação Comopratica Da Liberdade and Extensión o Comunicatión: Paz e Terra, Lio de Janeiro. = 1982『伝達か対話か 関係変革の教育学』里見実・楠原彰・桧垣良子訳 亜紀書房
- Freire, P. (1970) Pedagogia Do Oprimido: Paz e Terra, Lio de Janeiro. = 1979『被抑圧者の教育学』小沢有作・楠原彰・柿沼秀雄・伊藤周訳 亜紀書房
- Freire, P. (1992) Pedagogia Da Esperança Um Reencomtro com A pedagogia Do Oprimido , Paz e Terra, Lio de Janeiro. = 2001『希望の教育学』里見実訳 太郎次郎社.
- Gergen, K. (1999) An Invitation To Social Construction, Sage Publications of London, = 2004『あなたへの社会構成主義』東村知子訳 ナカニシヤ出版
- Habermas, Jürgen (1981) Theorie des kommunikativen Handelens,2 Bde, Suhrkamp Verleg,Frankfurt um Main = 1985-1987『コミュニケイション的行為の理論』上・中・下 河上倫逸・M.フーブリフト・平井俊彦 他訳 未来社
- Hart, M. (1990) Critical Theory and beyond : Further Perspectives on Emancipatory Education , Adult Education Quarterly, vol.40 (3) .
- Kitchenham, A. (2008) The Evolution of John Mezirow's Transformative Learning Theory, Journal of Transformative Education, vol.6 (2) .
- Marcia, J. E. (1966) Development and validation of ego identity status, Journal of Personality and Social Psychology, vol. 3.
- McNamee, S., & Gergen, K. (Eds) (1992) Therapy As Social Construction. Sage Publications of London = 1997『ナラティヴ・セラピー 社会構成主義の実践』野口裕二・野村直樹訳 金剛出版
- Mezirow, J. (1991) Transformative Dimensions of Adult Learning, Jossey-Bass= 2012『おとなの学びと変容——自己変容学習とは何か』金澤睦・三輪健二訳 鳳書房
- Mezirow, J. (2003) Transformative Learning as Discourse, Journal of Transformative Education. vol. 1 (1) .
- Mezirow,J., Taylor, E. W., & Associates (2009) Transformative Learning in Practice, San Francisco: Jossey-Bass.
- Miller, J. P. (1993) The Holistic Teacher: Oise Press = 1997『ホリスティックな教師たち』中川吉晴・吉田敦彦・桜井みどり訳 学習研究社
- Perry, N. E., Julianne, C. Turner, Debra.k. Mayer (2006) Classrooms as

Contexts for motivating Learning: P. Alexander, P. Winne (ed) Handbook of Education Psychology (2nd Edition) 327-348. American psychological association.

- Scardamalia, M., Bereiter, C., & Lamon, L. (1994) The CSILE Project: Trying to Bring the Classroom into World3, K.McGilly (ed.) Classroom lessons: Integrating cognitive theory and classroom practice MIT Press, pp.201-228 / Bradford Books.

おわりに

　本書は2016年に大阪府立大学に博士後期課程の学位申請論文として提出した文章に若干の加筆修正を加えたものです。大阪府立大学には、大学院長期派遣研修制度を利用して、2006年から二年間、博士前期課程の学生として在籍させていただきました。その間、多くの教育論、学習論と出会い、現場で感じた疑問や問いの答えがその中に整理されて言語化されてあること、実践と研究がそのように相補的であることに驚きと喜びを味わうことができました。

　「はじめに」にも書きましたが、本書執筆のきっかけは、所与として与えられた世界に主体として向き合い、「他者」とともにこの世界を生きていくための〈学習〉とは何かという問いでした。大澤（東・大澤 2003）[52]は阪神・淡路大震災を生き延びた女性の「なぜ震災で死んだのが夫であって私ではなかったのか」という問いを引き受けつつ、所与を引き受けることの困難さについてこう語っています。

> 「自分は一所懸命律法に則った生活をしているのに、なぜ、非常に不幸なことになっているのか。……逆にたいしたことのない者たち、どう見ても間違ったことをやっている人たちが、大変恵まれていたりするのはなぜなのか」
>
> （東・大澤 2003: 198）

　大澤の言うこのような疑問を持たずにこの世で生きていくことはおよそ困難でしょう。運命は時に最も愛するものの命を全く理由なく奪い去っていきます。通り魔の凶行によって、突然わが子を奪われた一人の母に、私たちは運命を受け入れること、東の言葉を借りれば「所与」を引き受けるように言うことは決してできません。「所与」を引き受けることは決してたやすいことではない。人は自分を見舞った運命に対して、時に怒り、時に憤りつつ、何とか日々を生きていくのでしょう。そ

52　東浩紀・大澤真幸 2003：198『自由を考える9.11以降の現代思想』NHKBOOKS

おわりに

してその悲しみと苦しみに閉ざされた闇の中で、ふと自分の周りの人間に視線を向けたとき、みな誰もが多かれ少なかれこの理不尽さ、不合理さを抱えて生きていることに気づく。耐えられないように見える運命の「誤配」（東・大澤 2003）は決して自分ひとりのみに向けられているものではなく、みなそれぞれがそのような理不尽さと不合理さの中で必死で運命に抗しながら、自分らしく生きようとしているのだと。そのようにして見知らぬ他者の中に、運命がもたらす理不尽さに負けず懸命に自分らしく生きようとする同志としての姿を見たときに、自分の中に育まれる感情、その感情に支えられた生き方を求めて、われわれは「学習」し続けるのではないでしょうか。

　本書出版にあたりまして、大阪府立大学の吉田敦彦先生から賜りました多大な学恩にまず感謝を申し上げます。長期派遣研修中の二年間、そして前期課程終了後も八年間も博士後期課程の学生としてゼミに所属させていただき、指導や助言をいただきました。先生のご指導は、思考を大地からはなれた高みに向けてではなく、思考が生まれ出る深みに向けて導いてくださるものでした。時に研究との両立よりも実践の方に大幅に傾きがちな私を、理解しつつも、研究の厳しさを示してくださいました。先生のご指導がなければ、本書を書き終えることは到底できませんでした。心より感謝申し上げます。また、第一部の学習論の整理にあたりましては、当時大阪府立大学の講師でいらっしゃいました現広島修道大学の西森章子先生に、大学院での諸文献の講読から、実践の上での文章作成授業のアドバイスまで、数多くの御教示をいただきました。大学時代の恩師である竹下豊先生は、長期派遣研修による大学院の入学にあたって、相談に訪れた私を温かく励ましてくださり、本書の書籍化へと勇気づけてくださいました。大学院で出会った先生方、特に拙論の査読にあたって厳しくも丁寧なご指導をいただきました、西田芳正先生、山東功先生、フラットに意見を交わせる時間を与えてくださいました吉田ゼミの皆さん、特に貴重なご意見をいただいた守屋さん、副若さん、ありがとうございました。そして、実践の中で出会った多くの生徒たち、みなさんの存在がいつも私を力づけてくれました。それから、私の勝手

な学究への意欲を認めてくれ、常に近くで支えてくれた夫と娘にもここで日ごろ言えない感謝を伝えたいと思います。最後に、いつも私の心の根源にあり続け、導き手であり続ける亡き母に、本書を捧げます。

朝隈（木村）里美

1960年　奈良県に生まれる。
大阪府立大学大学院人間社会学研究科人間科学専攻博士後期
課程 単位修得退学。
2017年　大阪府立大学大学院人間社会学研究科にて課程博士
の学位を取得　博士（人間科学）。
現在、大阪府立高校に勤務。

●装幀──大津トモ子

ベイトソンから芭蕉へ　−変容する学習と生成する言葉−

2019年 5 月15日　第 1 刷発行
2021年 1 月20日　第 2 刷発行

著　者　朝隈里美

発行者　山崎亮一

発行所　せせらぎ出版
　　　　〒530-0043　大阪市北区天満 1-6-8 六甲天満ビル 10 階
　　　　TEL. 06-6357-6916　FAX. 06-6357-9279
　　　　郵便振替　00950-7-319527

印刷・製本所　株式会社関西共同印刷所

©2019　ISBN978-4-88416-267-2

せせらぎ出版ホームページ　https://www.seseragi-s.com
　　　　　メール　info@seseragi-s.com